O ALVORECER DA VIDA ESPIRITUAL

O ALVORECER DA VIDA ESPIRITUAL

MURILLO NUNES DE AZEVEDO

EDITORA TEOSÓFICA
Brasília-DF

EDITORA TEOSÓFICA, Sociedade Civil
SGAS — Quadra 603 — Módulo 20
70 200-630 — Brasília-DF — Brasil
Tel.: (061) 322-7843
Fax: (061) 226-3703

	Murillo Nunes de Azevedo
A 994	*O Alvorecer da Vida Espiritual*
	Brasília, 1996
	ISBN 85-85961-08-2
	Assuntos: 1. Teosofia
	2. Espiritualismo
	CDD 212

CAPA
Marcelo Ramos
COMPOSIÇÃO/DIAGRAMAÇÃO
João Batista Martins da Silva e
Reginaldo Alves Araújo
REVISÃO
Carlos Cardoso Aveline,
Regina Vitória Ruzzante e
Zeneida Cereja da Silva

SUMÁRIO

Introdução 7

1 — O Alvorecer da Espiritualidade 15

2 — O Alvorecer Místico no Bramanismo Indiano 19

3 — A Mística no Hinduísmo Posterior 23

4 — A Mística no Budismo 27

5 — O Caminho da Iluminação 39

6 — A Mística no Taoísmo 73

7 — A Mística no Judaísmo 83

8 — A Mística no Cristianismo 99

9 — A Mística Sufi no Islamismo 121

10 — A Mística na Poesia 141

11 — A Mística na Teosofia 165

Bibliografia 189

Introdução

A triste realidade é que a grande maioria das pessoas vive completamente afastada do mundo espiritual. As suas vidas, ou melhor, as nossas vidas, estão completamente afastadas da realidade essencial de todas as coisas. Vivemos em função da memória, do condicionamento, de um passado na verdade inexistente. O *karma*, a inexorável lei da ação e reação em todos os planos da natureza, que é puramente mecânica, genética, leva-nos ao sabor dos acontecimentos, sem a menor reação de nossa parte, o que nos faz sofrer, lamentar e querer fugir da vida, recorrendo a vários subterfúgios — as chamadas distrações, o sexo, as diversas drogas, as ilusões várias que a vida nos oferece —, que nos levam ao sabor dos acontecimentos. E sempre deixamos para mais tarde assuntos sérios, fundamentais, aquilo que não queremos compreender ou considerar mais profundamente, que ficam adiados para quando nos aposentarmos, quando estivermos velhos, sempre jogados para frente, nunca considerados devidamente, pois deles nos esquecemos em virtude de nossa profunda ignorância, que nos aliena da verdadeira vida — a vida do espírito.

A questão inicial que vamos propor é decomposta em quatro perguntas básicas:

1) Haverá um encontro com o mundo espiritual?
2) Como se dá esse encontro?
3) É possível apressar esse encontro?
4) Qual deve ser a nossa atitude para que isso ocorra?

Quanto à primeira questão — haverá um novo encontro no mundo espiritual? — podemos afirmar que sim. Com a certeza nascida do exame, e mais do que isso, do percebimento, na carne, do que ocorreu com milhares de pessoas que tiveram esse encontro com a Realidade Suprema que iremos demonstrar neste livro, que trata do Alvorecer da Vida Espiritual; e com constatações provenientes das mais diversas tradições religiosas, filosóficas e artísticas do mundo. A *Teosofia*, por exemplo, revela-nos ao estudar comparativamente a grande unidade que permeia todos os campos do conhecimento humano, que isso é *possível*, e está ao nosso alcance. Inúmeros exemplos, como verão, são relatos de pessoas que deixaram de ser meros 'autômatos' na vida, movimentados apenas pelos acontecimentos e tornaram-se *Seres Humanos* no sentido mais profundo dessa palavra. Carl Gustav Jung, o pai da Psicologia Analítica, chamava de 'individuação' a esse processo. Afirmava, além disso, que muitos poucos eram verdadeiramente seres humanos no sentido profundo da palavra. Tornar-se *Humano* é algo muito difícil de acontecer. Os homens e as mulheres que constituem a chamada raça humana são apenas *sombras de algo* que ainda está muito distante de acontecer para a maioria da orgulhosa raça humana. Richard Maurice Bucke, um médico canadense, escreveu há mais de um século um livro chamado *Consciência Cósmica* onde são narrados inúmeros casos de pessoas que atingiram essa superconsciência que está à espera de todos nós. A Consciência Cósmica, ou seja, a percepção da grande unidade em que estamos inseridos, é chamada em diversas tradições religiosas por nomes diferentes. Na Índia é o *samadhi*, *kaivalya;* no Budismo é *nirvana*, *satori*, *ocho;* no Cristianismo, como sendo o percebimento do Divino, a santidade etc. Todos esses nomes são apenas meros 'rótulos' apontando para a mesma coisa.

Vamos aprofundar um pouco aproveitando essa primeira pergunta mencionando que na Índia tradicional existem três estados de manifestação cósmica. São eles *Sat* (Existência), *Cit* (Consciência) e *Ananda* (bem-aventurança). Quando ocorreu há bilhões de anos a manifestação cósmica, o Absoluto sacrificou-se densificando-se em formas separadas, que, no começo, eram ainda imperceptíveis pois não havia ainda 'observadores' para detectá-las. Dizem, então, os antigos hindus que o Supremo se "coagulou" da mesma forma que o leite quando talha, e surgiram nele coágulos que eles chamam de *Brahmananda* — textualmente os ovos de *Brahma* — identificados hoje como sendo as chamadas modernas galáxias. Dentro delas continuou inexoravelmente o processo progressivo de densificação, e foram surgindo, à medida que resfriavam, os minerais. Começava aí a primeira etapa chamada *Sat* (Existência), os objetos inorgânicos, como diz a nossa imprecisa Química, cometendo um erro, uma vez que, na realidade última, todas as coisas possuem vida em si e são, portanto, orgânicas. Aos poucos, muito lentamente, de dentro dos minerais ainda amorfos, começaram a surgir os cristais em seus sete grande sistemas. E com eles nascia um centro de cristalização que é o começo de uma consciência. Mas quando surgiram os vegetais e, como conseqüência, as grandes florestas, começou a aparecer *Cit* (a Consciência), uma vaga consciência que iria aos poucos se intensificar nos animais e, gradativamente, afirmar-se nos chamados seres humanos. É nesse estágio que se encontra a maioria da raça humana, presa ao dualismo ilusório do "eu" e do "outro" como se fossem coisas completamente separadas, o que é uma *Grande Mentira*, uma ilusão (*maya*) nascida da ignorância (*avidya*) que é uma verdadeira sombra que impede a visão da verdadeira realidade, ou melhor, de *Tat,* a forma que os antigos hindus denominavam o Inominável, aquilo que está além das palavras, que muitos preferem chamar de Deus, ou de *Allah*, Jeová, *Adonai*, *Tao* e de muitas outras simples palavras. Apenas, como diz o Zen Budismo, apenas dedos "apontando para a lua"... Mas, à medida que o ser humano vai se aprofundando em si mesmo, aperfeiçoando-se, sutilizando-se, começam a surgir nele os primeiros vislumbres de um mundo espiritual — de *Ananda*, de uma paz que ultrapassa o entendimento humano e que vive, como diz um antigo *Upanishad,* no coração daqueles que moram no Eterno. Portanto a nossa resposta à primeira pergunta, que já ficou longe no texto — haverá um novo encontro no mundo espiritual? — é, sem dúvida, SIM. E esse encontro surgirá em cada um de nós quando oferecermos condições para que isso ocorra. Dessa forma, como diz o filósofo-místico Jiddu Krishnamurti, desaparecem o 'observador' e a coisa 'observada', o 'eu' e o 'outro', e nasce a percepção do que 'É', daquilo que ele chama de 'Presente Ativo'.

Passemos agora à segunda pergunta: *Como se dá esse encontro*? Vamos mergulhar juntos num escrito hermético atribuído ao século III da nossa era onde está dito claramente:

> **Se não te fizeres igual a Deus, não poderás percebê-Lo, pois o semelhante é conhecido somente pelo semelhante.**

Portanto temos que nos igualar àquilo que já existe dentro de nós, mas não é percebido devido a nossa inquieta e turbulenta vida. No entanto, isso se dará inevitavelmente quando for percebida essa identidade fundamental. Tal fato já ocorreu com muitas pessoas, e podes ter certeza de que não és uma exceção.

O texto mencionado continua dizendo:

> **Salta livre de tudo que é físico e cresce até ser tão vasto como aquela imensurável vastidão. Salta além do Tempo e torna-te Eterno. Então, perceberás Deus.**

Fica aqui bem claro que é necessário um salto, chamado pelo Budismo *amidista* de *ocho* — salto transversal —, a fim de abandonarmos as rotinas de nossas vidas, o que gostamos ou o que nos desagrada, os nossos superficiais julgamentos bem como os nossos condicionamentos. Há também ali uma clara referência ao tempo que deve ser transcendido. Aquele tempo e espaço que nos escravizam, pois estamos 'amarrados' a eles. Mas Aquilo (*Tat*), onde estão constantemente a vida eterna e a luz infinita, que é, como já dissemos, chamado, no Budismo da Terra Pura, de *amida*, a tudo embebe e é uma constante 'Presença'. Uma 'Presença' que pode Ser por nós vivenciada, quando oferecemos condições naturais para que isso aconteça.

O antigo texto mencionado continua falando do mundo espiritual que buscamos neste livro e que algum dia poderemos reencontrar:

> **Compreende pois: nada é impossível a ti. E então perceberás que és imortal e que poderás abraçar, com tua mente, todas as coisas. E encontrarás a tua casa no coração de cada criatura viva. Eleva-te acima de todas as alturas, e indo até mais baixo de todas as profundezas.**

Vamos refletir um pouco no que foi acima dito. Temos em nós todas as possibilidades pois somos deuses esquecidos da nossa nobre origem. Quando se dá então a 'abertura' da autoconsciência, brilha em nós intensamente aquela 'consciência cósmica' e constatamos o fato de que somos unos com todos os outros. E uma extraordinária alegria advém dessa constatação, dessa descoberta, desse reencontro com um 'paraíso perdido' completamente esquecido nos abismos do nosso inconsciente. São famosas as historinhas do Budismo Zen e as gargalhadas daqueles que atingiram a *satori* (a libertação da vida e da morte).

Voltemos ao texto mencionado, que é o nosso guia, na busca que estamos encetando juntos. Ele continua dizendo:

> **Traze todos os opostos que estão dentro de ti e os reconcilia. Entende o fato de que não foste gerado, e ainda estás no ventre. E que és jovem, que és velho, que estás no mundo, além da sepultura. Capta tudo isso na tua mente, todos os tempos e lugares, todas as substâncias e qualidades, e, então, poderás perceber *Deus*.**

É indiscutível que, para que o esperado 'encontro' com o mundo espiritual possa ocorrer, os opostos têm de ser unidos. Transcendidos. O bem e o mal, o feio e o bonito, o certo e o errado, e assim vamos até o infinito. Todo esse dualismo deve ser colocado de lado, apesar de existir no plano relativo, quando uma nova e (antiga) realidade esquecida mas que ainda está dentro de nós for percebida. E, assim, poderás perceber Aquilo que integra todas as coisas e as sustém no Seu Profundo Amor e Sabedoria.

Vamos agora passar à terceira pergunta do início desta introdução: **É possível apressar esse encontro?**

Retomamos a companhia do antigo texto hermético que está sendo citado. Ele é muito claro quando afirma:

> **Querendo conhecer *Deus*, temos que tomar a estrada que leva até *Ele*. É uma fácil estrada para nela viajarmos. *Deus* irá encontrar-nos**

em qualquer lugar, Ele nos aparecerá em toda parte, em locais e momentos em que não O esperamos. Enquanto estivermos acordados ou mesmo dormindo, viajando, ou enquanto estivermos falando ou silenciosos. Pois nada há onde *Deus* não exista. E não pensemos que *Deus* seja invisível. O que é mais evidente do que *Deus*? Esta é a razão por que Ele fez todas as coisas, e é através de todas as coisas que poderemos vê-Lo.

No trecho acima está claro que o caminho que nos leva até Deus, ou seja, ao encontro com o mundo espiritual, é simples e direto. Não o vemos, pois somos cegos em virtude de nossa extrema complicação. Devemos simplificar nossa vida! Procuremos ver as coisas como elas são e não como gostaríamos que elas fossem. Sendo assim, o esperado encontro poderá ocorrer quando menos esperarmos, desde que ofereçamos condições para que isso possa ocorrer. Devemos ter os cuidados de um humilde lavrador ao cuidar carinhosamente de sua plantação: observar a presença das ervas daninhas e retirá-las a tempo antes que cresçam; regar quando necessário, na medida certa. E, pacientemente, devemos deixar que a mãe natureza siga o seu curso. A colheita então será farta e cobrirá todos os sacrifícios feitos. Vejamos e sintamos a presença *daquilo* — Deus, se quiserem usar tal palavra — em nosso pensamento, palavra e ação. E não nos aborreçamos se o reencontro por acaso for demorado. Pois toda uma série de condições internas e externas tem de ser cumprida antes que ele se dê plenamente. Sintamos na carne o que o grande poeta, de certo modo místico, Fernando Pessoa, sentiu através do seu heterônimo Alberto Caieiro quando disse:

O meu olhar é nítido como um girassol.
Tenho o costume de andar pelas estradas
Olhando para a direita e para a esquerda,
e de vez em quando, olhando para trás...
E o que vejo a cada momento
é aquilo que nunca antes eu tinha visto,
e eu sei dar por isso muito bem...
Sei ter o pasmo essencial
que tem uma criança ao nascer,
se reparasse que nascera deveras...
Sinto-me nascido a cada momento
para a eterna novidade do mundo...
Creio no mundo como num malmequer,

Porque o vejo. Mas não penso nele
Porque pensar é não compreender...
O mundo não se fez para pensarmos nele
(Pensar é estar doente dos olhos)
Mas para olharmos para ele e estarmos de acordo...
Eu não tenho filosofia: tenho sentidos...
Se falo da Natureza não é porque eu saiba o que ela é,
Mas porque a amo, e amo-a por isso,
Porque quem ama nunca sabe o que ama
Nem sabe por que ama, nem o que é o amar...
Amar é a eterna inocência,
E a única inocência é não pensar...

Resta agora a quarta e última pergunta: **Qual deve ser a nossa atitude para que isso ocorra?**

Vamos agora nos socorrer de um texto de profundo sentido teosófico, que vem do Budismo — o chamado ***sutra diamante*** — escrito aproximadamente no IV século da nossa era. O seu nome original é *Vajrachedika*, que pode ser traduzido como o Diamante que a tudo corta. É uma escritura altamente condensada, verdadeiramente um 'diamante' que pode cortar todas as nossas dúvidas assim como o diamante faz com o vidro. Começa dizendo:

> **Qualquer *bodhisattva*, ou seja, um ser que está prestes a se tornar em um Buda, que se entrega à prática da meditação, só deve abrigar um pensamento: 'Quando eu atingir a perfeita sabedoria, eu liberarei todos os seres sensíveis em cada reino do universo, e permitirei que eles passem para a Paz eterna do *nirvana*. Todavia, quando as incontáveis miríades de seres forem liberados, na verdade nenhum ser foi realmente liberado. Por quê? Pois todo *bodhisattva* verdadeiro entretém tais conceitos como "o meu" e "os outros". Sendo assim, não há seres humanos a serem liberados e *ninguém* para alcançar a perfeita sabedoria.**

Este trecho paradoxal revela-nos que todas as coisas já se encontram liberadas desde todo o sempre. Só que *maya* (ilusão) e *avidya* (ignorância) impedem que elas sintam essa liberdade. A nossa atitude, quando isso ocorre, é ver simplesmente o que esteve à nossa vista todo tempo. É sentir uma paz e uma bem-aventurança que caracteriza tal encontro. É ***Ananda***. O texto citado diz em certo trecho:

> **O Buda não tem nenhuma doutrina a transmitir. A verdade é inalcançável e inexprimível.** *Ele É* e *Não É*.

No livro ***Poemas Zen***, escrito em 1961, tive alguns momentos daquilo que aqui se tentou descrever com mais detalhes. Por exemplo, o que ocorre no poema chamado ***Sem fim sem fim sem fim***:

Sem fim. Sem fim. Sem fim.
Qual a conexão entre tudo o que existe?
Onde está a base vida que a tudo enraíza?
E para além dessa base o que há como alicerce?
Sem fim. Sem fim. Sem fim.
Perguntas que a nada conduzem senão a
infinitos maiores contendo infinitos menores.
Além. Além. Mais além!
Além da própria autoprisão inexistente.
Além de mim. Além de ti. Além de tudo.
Dentro de mim. Dentro de ti. Dentro de tudo.
Sem fim. Sem fim. Sem fim...

Ou nesse meu outro poema, do mesmo livro, chamado ***transmutação***:

Há momentos em que tudo parece envolvido em outra
atmosfera.
Cessa o Tempo.
Cessa o Espaço.
Uma realidade maior manifesta-se.
As coisas comuns adquirem novas feições.
Uma palavra.
Um gesto.
O silêncio.
Quanta significação!
O diálogo silencioso é estabelecido.
Os objetos adquirem feições novas.
Um homem passa apressado na rua.
Olha! Somos nós mesmos!

E contrariando Descartes há um outro pequeno poema chamado *dúvida*:

Penso, logo existo...
Não! Não penso para existir.
Pois quando penso deixo de ser o que SOU
e me transformo em alguma coisa
que penso ser...

1

O Alvorecer da Espiritualidade

Por mais longa que seja a noite há sempre um amanhã. Não sabemos, mas é preciso ter consciência dela. Contudo, quando surge novamente a clara luz de um alvorecer, os fantasmas são exorcizados. Os antigos hindus, em *sanatana dharma* — na Lei Antiga —, dizem que existem no universo dois caminhos, duas *margas*. Um de densificação, que chamam de *pravritti marga*, quando a escuridão prevalece nas mentes das mais diversas criaturas, um plano existencial sutilíssimo que os teósofos denominam de *maha paranirvânico* que chega até o chamado plano físico onde ocorrem todos os choques, conflitos, violências, onde a vida é completamente desregrada, onde vamos encontrar: prazer a qualquer custo, perversão sexual de todos os tipos, depressões, neuroses, pânico, fumo, drogas, jogo, busca de psiquiatras, magos, bruxos, igrejas que "expulsam o demônio", despachos, um mergulho profundo e gradativo na ignorância. Daí resulta o *samsara*, o sofrimento e a mediocridade. E a inexorável repetição das vidas e das mortes até que a lição seja aprendida, e o candidato possa passar de 'ano'. Durante esse período de descida, ou de *kali-yuga*, o período em que vivemos, tudo aquilo que foi relatado se manifesta. Mas há na nossa vida um ponto de mutação que é chamado de *vairagya*, ou a noite negra da alma, quando em nós se inicia o caminho de subida, quando a vida espiritual irá manifestar-se plenamente e irá culminar na Iluminação final e no abandono do infindável *samsara*. Quando isso ocorrer, dar-se-á a nossa ressurreição, ou seja, de simples autômatos do destino estaremos realmente, pela primeira vez, ***vivos***, no sentido profundo dessa palavra. Para que isso aconteça, temos de começar um longo trabalho preparatório, eu diria de purificação do nosso ser. Um trabalho que muito se assemelha à formação lentíssima nas grutas das chamadas estalactites e estalagmites, que resultam de gotas d'água calcária procedentes da abóbada da gruta, que pingam inexoravelmente e surgindo, no chão, as estalagmites que sobem quase que de forma imperceptível como se fossem atraídas pelo que está em cima, até o ponto que se fundem numa verdadeira coluna de sustentação da abóbada. Para que isso ocorra são necessários incontáveis anos. No caso humano, o que está em cima é chamado, muitas vezes, de Deus, *Adonai*, *Brahman*, Buda, *Allah*, *Tao*, ou *Tat* (Aquilo), ou o nome que quiserem, pois nomes são rótulos apenas; como diz o Budismo Zen, dedos apontando para a Lua. No Budismo da Terra Pura, é chamado de Amida, ou seja, a vida eterna e a luz infinita. E esse poder externo, que é uma verdadeira chuva caindo sobre todas as coisas, pois todos nós, visíveis ou invisíveis, estamos a todos os momentos sendo chamados para Ele, nessa escola budista, é chamado de *tariki*. *Tariki* é a gotinha d'água que permanentemente pinga dos céus a qual não percebemos devido ao nosso condicionamento, a nossa brutalidade. Mas ela é implacável, e ninguém está livre da sua ação a longo prazo. *Tariki* é o que forma a estalactite que desce em busca dos que estão em planos inferiores. *Jiriki* é o poder interno que todos os seres possuem e que permite auxiliar na formação das estalagmites que, com freqüência, quase imperceptivelmente, sobem em direção ao céu. Para que essa mágica junção ocorra, e ocorrerá inevitavelmente em todos os seres, é necessário que desenvolvamos a nossa fé, ou seja, uma certeza nascida de uma intuição de que algo nos chama para cima. A fé pode e deve ser cultivada em nossas vidas naquilo que os hindus chamam de *Yoga* (união) dos três poderes, a saber: pensamento, palavra e ações.

À medida que isso ocorre, tornamo-nos mais sensíveis ao inefável 'chamado'. É o Alvorecer da Vida Espiritual que o místico indiano Sri Aurobindo Gosh descreveu de forma magistral no seu grande poema chamado *Savitri*, talvez o maior poema místico do mundo, mas quase completamente desconhecido no Ocidente. Nesse extraordinário poema descreve-se a viagem do ser humano até atingir essa superconsciência. Segundo diz um profundo pensador hindu moderno chamado Rohit Mehta em seu livro *The Dialogue with Death*: ...Quando toda humanidade dorme na profunda noite, são os místicos que observam a vinda do alvorecer e explodem em canções de esperança e alegria muito antes que os primeiros raios do Sol nascente tenham surgido no horizonte. Sri Aurobindo, como um grande místico, transformou a legenda de *Savitri* (A deusa da Lua) num símbolo de um novo alvorecer. O alvorecer que o épico descreve é o de uma nova consciência. O poema citado começa com os seguintes versos:

> Era a hora antes que os Deuses acordassem.
> Cruzando a senda do divino Evento
> somente a imensa precursora mente da Noite,
> no seu não iluminado templo da Eternidade,
> Jazia imóvel mergulhada no Silêncio profundo
> E um inefável Zero ocupava o mundo.

Neste prelúdio da grande sinfonia que é o seu poema, é mostrado o palco vazio.

Ao longo do poema, o místico apresenta a grande peça onde somos personagens mesmo que não saibamos. E termina a sua magistral obra mística com os seguintes versos:

Noite, esplêndida noite com a Lua sonhando no céu
Na prateada paz, possuía o seu luminoso reino,
Ela fecundava através da sua tranqüilidade um pensamento
Profundo, guardado por ela nas místicas dobras da noite.
E no seu ventre era gerado o Grande Alvorecer.

Apresentaremos, neste livro, várias visões, ou melhor, caminhos que levaram e levam os seres humanos ao mundo do espírito. Como podem ver, o horizonte é ilimitado. O máximo que poderei fazer é trazer algumas gotas de várias origens para que o leitor possa sentir a universalidade do pensamento místico e sua importância, pois é através dele que o ser humano se liberta de todos os grilhões que tolhem a sua liberdade de ser de forma autêntica e liberta uma superconsciência que mora em nós e se expressa em cada época de uma maneira diversa.

2

O Alvorecer Místico no Bramanismo Indiano

Da Índia antiga, de 5000 ou 6000 anos atrás, segundo muitos autores e, talvez antes disso, segundo outros, vêm-nos os *Vedas*, textos sagrados de idade indefinida, de uma época onde não havia ainda a escrita. Foram memorizados de geração a geração, chegando até nós depois de serem escritos aproximadamente mil anos antes da nossa era. Seres profundamente puros, chamados *rishis*, receberam esse conhecimento sagrado vindo de estados de consciência não possuídos pela maioria dos seres humanos de então. Esses *rishis* foram os primeiros *mahatmas* (grandes almas), os primeiros gurus (mestres) para uma infante humanidade que, naqueles tempos remotos, vivia em contato direto com a Natureza e suas forças. Dessas forças naturais, a Terra, a Água, o Ar, o Fogo, o Raio, o Trovão — consideradas como manifestações de algo mais profundo na Natureza — nasceram os primeiros deuses do vasto panteão indiano.

Dos *Vedas* a parte mais profundamente mística está contida nos chamados *Upanishads*, ou seja, aquilo que foi ouvido aos pés do Mestre. Pela citação do *Mundaka Upanishad* podemos sentir a enorme profundeza dos *rishïs*:

O Ser está em todas as partes. Brilhando a partir de todos os seres.
Mais vasto do que o mais vasto, mais sutil que o mais sutil,
é inalcançável
Todavia está mais perto que a respiração, ou do que as batidas do nosso
coração.
O olho não pode vê-Lo, nem o ouvido escutá-Lo,
nem a língua pronunciá-Lo
Somente na profunda absorção pode a mente crescer pura
e silenciosa e se fundir com verdade informe
Tão logo o encontrares, estarás livre, pois a ti mesmo encontraste.
Solucionaste o grande enigma e o teu coração estará
para sempre em Paz.
Totalmente,
Entraste no *todo*. E o teu ser pessoal
Retorna para a sua radiante, íntima e imortal fonte!

Comentário: examinemos as palavras-chave, palavras que devem ser lidas 'verticalmente', ou seja, procurando o seu sentido mais profundo, geralmente oculto ao leitor apressado. Este deverá abandonar a leitura do livro pois se sentirá entediado com essas paradas para meditar no que a maioria não vê.

1) *Ser*: A essência de cada coisa. Do ser humano ao minúsculo átomo. Aquilo que é a base de tudo. O quadro de referências onde estamos situados. Aqui a expressão em itálico significa a base do universo.
2) ***Brilhando***: Aquilo é uma presença viva, uma vez que em tudo está presente, de forma visível ou invisível; é, portanto, o ser que mais tarde seria denominado de Deus.
3) ***Vasto***: 'Aquilo' (*Tat*), como os hindus gostam de denominá-Lo, não tem limites conhecidos pois está presente em todas direções, e, em conseqüência, dentro de cada um de nós.
4) ***Sutil***: Pois embebe a tudo com sua suprema sutileza.
5) ***Olho e ouvido***: Metáforas dos sentidos, que pretende indicar que esses órgãos sensoriais não poderão jamais percebê-Lo.
6) ***Pronunciá-Lo***: Aqui o *rishi* indica a impossibilidade de a palavra nomear o que é inominável.
7) ***Absorção***: Significa mergulho, penetração, interiorização ou, numa palavra, meditação.
8) ***Pura e silenciosa***: Duas condições básicas para que o 'mergulho' seja dado por qualquer ser humano.
9) ***Informe***: É algo que ultrapassa limites espaciais e temporais e resulta de uma experiência pura ***naquilo***.
10) ***Encontrares***: O 'encontro' inesperado, a qualquer momento, quem sabe agora, é o mistério do Ser finalmente revelado e percebido na carne de quem ele penetrou.
11) ***Livre***: Percebemos que nunca estivemos presos ao que quer que seja. Os nossos sentidos, agora pacificados, deixaram de atuar, e a revelação surgiu como por um encanto.
12) ***Entraste***: Por fim a 'porta' que não existe, a não ser na nossa imaginação, foi 'aberta'.
13) ***Todo***: Indica a realidade suprema onde temos e todas as coisas têm o seu ser.
14) ***Retorna***: É o simbólico retorno do 'filho pródigo' de onde nunca se afastou.
15) ***Imortal Fonte***: A origem e o fim de tudo que é transitório e se afasta do Eterno Agora.

Há no *Chandogya Upanishad* uma história que merece ser transcrita pois oferece muitos temas para uma profunda meditação sobre a maneira como os antigos brâmanes sentiam a presença do Inefável em tudo.

É a seguinte:

Há muitos milênios havia um brâmane que tinha um filho chamado Svetaketu. Quando o menino completou doze anos de idade, foi enviado a um instrutor (guru), com quem estudou até completar vinte e quatro anos. Após aprender todos os *Vedas,* voltou para casa pleno de orgulho por acreditar que estava educado no mais alto grau.

Seu pai disse:

– Svetaketu, meu filho, já que estás repleto de saber, será que perguntaste por aquele conhecimento através do qual ouvimos o inaudível, percebemos o que não pode ser percebido e sabemos o que não pode ser conhecido?
– Que conhecimento, senhor? — indagou Svetaketu.

O pai replicou:

– Assim como, conhecendo um punhado de barro, reconhecemos tudo que for feito de barro, estando a diferença apenas no nome, mas sendo, na verdade, o mesmo barro, da mesma forma, meu filho, é esse conhecimento que uma vez conhecido nos faz conhecer tudo.
– Certamente, meus venerandos instrutores ignoravam tal conhecimento; pois, se o possuíssem, ter-me-iam transmitido. Pode o senhor dar-me esse conhecimento?
– Sim, disse o pai, e, então, pediu: traz-me um fruto da árvore *nyagrodha*.
– Aqui está, senhor.
– Parte-o.
– Está partido, senhor.
– O que vês?
– Algumas sementes extremamente pequenas.
– Quebra uma delas.
– Está quebrada, senhor.
– O que vês?
– Nada, em absoluto.

O pai disse:

– Meu filho, nesta sutil essência que não percebes aqui, nessa essência está o ser da enorme árvore de *nyagrodha*. Naquilo que é a essência sutil, tudo o que existe tem o seu ser. Esta é a Verdade, isto é o Ser, e tu, Svetaketu, és Aquilo.

– Por favor, senhor, disse o filho, conta-me mais.
– Certamente — replicou o pai e, então, disse: coloca este sal na água e volta a mim amanhã cedo.

O filho fez o que ele mandou.

Na manhã seguinte o pai disse:

– Traz-me o sal que colocaste na água.

O filho procurou, mas não pode encontrá-lo, pois o sal, naturalmente, tinha-se dissolvido.

O pai então falou:

– Prova um pouco da água da superfície. Como está ela?
– Salgada.
– Prova um pouco do meio. Como está?
– Salgada.
– Prova do fundo. Como está?
– Salgada.

Disse o pai:

– Joga fora a água e volta novamente.

O filho assim fez, mas o sal não estava perdido, pois o sal existe sempre.

Então disse o pai:

– Aqui também, de forma análoga, neste teu corpo, meu filho, não percebes a Verdadeira forma e o que de fato está nele. Aquilo que é a essência mais sutil, onde verdadeiramente tudo que existe tem o seu ser. Aquilo sim é o verdadeiro, Aquilo é o Ser; e tu, Svetaketu, és Aquilo.

3

A Mística no Hinduísmo Posterior

Citaremos trechos procedentes de duas tradições. O primeiro é o poema *Bhagavad Gita,* que é um pequeno trecho do grande épico *Mahabharata* em que se relata o diálogo travado entre Arjuna, um guerreiro prestes a entrar num combate indesejado contra membros de sua própria família, e Sri Krishna, uma encarnação de *Vishnu* que é o aspecto da preservação da trindade hindu. O segundo, vindo milênios depois, por volta do século VI da nossa era, é o *Viveka Chudamani* de Sri Shankaracharya, o renovador do Hinduísmo e grande filósofo e místico da Índia, considerado o criador da escola Vedanta.

Passemos ao *Bhagavad Gita* onde está dito:

Aqueles que constataram a suprema sabedoria
que está mergulhada dentro de uma clara percepção da realidade
podem-me ver tal qual eu sou:
o originador do universo e um ser imperecível.
Desses que me sentiram dentro de si mesmos
revelam nas suas palavras e nas suas ações
que brotaram da profundidade da sua perfeita veneração
e estando presos no meu abraço eles verdadeiramente me conhecem
da mesma forma que uma mulher tem conhecimento do seu amado.
Todas as criaturas vão surgindo e desaparecendo; esse é o destino.
Mas apenas Eu sou Real, saiba disso Arjuna,
quando olhares para fora, pleno de alegria, vindo da profundidade
para dentro dos olhos de todas as criaturas.
Eu sou o alvo de todo conhecimento,
o pai e a mãe do mundo,
fonte de tudo que é puro e impuro
do horror supremo à pura santidade.
Eu sou a meta final, a testemunha, a raiz de tudo,
lar e também refúgio. Meu caro amigo,
Sou a Criação e a Destruição,
a eterna semente e o tesouro desconhecido de muitos.

Sou do Sol a sua intensa radiação
ou quem produz e faz cessar as nuvens pejadas de chuva.
Eu sou a sonhada Imortalidade. Eu sou a Morte inevitável.
Sou o Ser bem como o Não-Ser.
O Ser que está assente no coração de todas criaturas.
Sou a origem e o Fim, e o Meio de tudo que irá passar.
Aqueles que cheios de reverências me cultuam
Intensamente, dedicados em mentes e repletos de
devoção nos seus corpos,
Em mim encontraram a plenitude dos seus corações.
Mesmo os que me ignoram, se suas ações são corretas,
Justas e plenas de Amor, veneram-me totalmente
na mais verdadeira espécie possível de culto.
Todos os seus pensamentos, as suas ações,
os receios e desapontamentos,
são a mim dedicados, quando vindos de um puro coração.
Entretanto sei que todos eles são apenas passageiras visões.
Assim irás te livrar de tudo que escraviza
do que é o bom ou o mau *karma*
e através de teu desprendimento irás incorporar-me
em liberdade completa.
Eu sou a Justiça, que é limpa, clara e imparcial;
que não favorece a ninguém nem a ninguém odeia,
Mas, para os que deixaram de lado o egoísmo e ficaram dele curados,
Para esses intensamente eu Brilho!
Mesmo para os cruéis assassinos, os cínicos estupradores,
ou os desclassificados e frios tiranos,
ou os fanáticos impiedosos
Todos, todos, encontrarão em mim por fim a redenção
quando através do meu amor eles se renderem.
Nas minhas aparentemente severas, mas curativas graças,
passando através de cruciais transformações
eles encontram a libertação,
e os seus corações encontrarão a sonhada Paz.
Eu sempre estou e estarei com todos os seres
pois a ninguém abandonarei.
Por mais interna que seja tua trela
nunca estás separado de Mim.

Deixa, deixa que teus pensamentos calmamente fluam
pois perto de ti estarei a todos os instantes.
Confia a mim a tua vida, pois eu Sou
o que És e mais do que na verdade sois...

Já em Shankara, mil anos depois, iremos encontrar em *A Jóia Suprema da Sabedoria* (*Viveka Chudamani*) uma fonte de infinitas inspirações que nos poderão levar à completa realização. Sintamos um pouco do Espírito do Vedanta nos trechos selecionados que se seguem:

Versículo 1 — Eu me prostro diante do verdadeiro Instrutor — diante daquele que é revelado pelas conclusões de todos os sistemas da filosofia Vedanta, mas que em si mesmo é desconhecido, Govinda, a suprema bem-aventurança.

Comentário: neste primeiro versículo, Shankaracharya mostra a importância do verdadeiro instrutor, daquele que nos poderá levar ao que é desconhecido. *Ananda*, a verdadeira bem-aventurança, aquela paz fundamental que mora no âmago de toda criatura, mas que não é percebida em virtude da superficialidade e do automatismo com que vivemos nossas vidas. Reverencia o seu guru, Govinda, que lhe abriu para a Liberação.

Versículo 2 — Dentre as criaturas sensíveis é difícil alcançar o nascimento como ser humano; dentre os seres humanos, nascer como homem, ser um *brahmana*; sendo um *brahmana*, desejar seguir a senda do *dharma* médico e entre esses aprender verdadeiramente. Mas o conhecimento espiritual que discerne entre o espírito e o não-espírito, a realização prática da fusão com *brahmatman* e a emancipação final dos grilhões da matéria são inatingíveis, exceto por um *karma* de centenas de milhões de encarnações.

Comentário: reflitamos sobre a imensa quantidade de seres visíveis e invisíveis que existem nos inumeráveis mundos que constituem o universo. Como é difícil ser humano! Mas o fato de sermos seres humanos não significa que alcançamos a plenitude desse estado, que, no dizer do psicólogo Carl Gustav Jung, chegamos à individuação. Pouquíssimos são os que alcançam esse objetivo, pois a imensa maioria constitui o "rebanho" que é tocado pelos acontecimentos, vive e age em função de reflexos condicionados. Simples marionetes manipuladas pelas circunstâncias. Ainda é mais difícil ser um *brahmana*, alguém que alcançou a mais elevada "densidade" espiritual. As quatro castas tradicionais da Índia estão vinculadas não às circunstâncias do nascimento, mas à essência do ser de cada um. Mesmo para os que são realmente *brahmanes* há a dificuldade de desejar efetivamente seguir o *dharma* como expresso nos *Vedas*. O *dharma* é lei, ordem, justiça. É a linha de menor resistência que, uma vez seguida, permite-nos alcançar a libertação dos laços do *karma*. Mas o texto adverte-nos da dificuldade do verdadeiro aprendizado. A fusão suprema com a centelha que está dentro de nós, o *brahmatman*, é algo de suprema dificuldade pois depende fundamentalmente do *karma* de cada um. E para que isso ocorra são necessárias centenas de milhões de encarnações.

Verifiquemos o versículo 42: Como cruzarei o oceano do nascimento e renascimento? Qual é o meu destino, o que significa existir, oh, Senhor, eu não sei. Oh, Senhor, bondosamente me protegei, aliviai as dores procedentes do nascer e renascer.

Comentário: a grande maioria dos seres humanos vive impelida pelos acontecimentos, sem saber como sair do processo do vir-a-ser (*samsara*) e nem tem a menor idéia de qual seja o objetivo último desse processo ou o que significa existir. No instante em que temos consciência plena do problema, é indispensável a entrega à ação de algo que está acima, dentro de nós. O tom de súplica deste versículo é pungente, uma súplica nascida de um coração que sinceramente deseja uma saída que nunca será encontrada pelo intelecto.

Analisemos o versículo 239: Portanto o supremo *brahman* é a realidade única sem um segundo, a pura sabedoria, imaculada, paz absoluta sem começo nem fim, vazia de ação, e a essência da incessante bem-aventurança.

Comentário: *Brahman* é a paz inefável, sem limites, que envolve todas as coisas. Nele temos o nosso ser e recebemos a vida e a inspiração que nos alimenta.

4

A Mística no Budismo

Estamos aqui diante de um imenso universo. O Budismo é um florescimento da cultura indiana, surgindo como uma filosofia de protesto contra um Bramanismo que se havia tornado uma pesada estrutura clerical e vivia abastadamente em função de sua monopolização do sagrado. Protestos como esse iriam acontecer posteriormente em muitas tradições no mundo, causando guerras, cruzadas, conversões a força e, ainda hoje em dia, por mais incrível que possa parecer, há lutas entre setores fundamentalistas de inúmeras religiões que tentam pela força e pelo terrorismo assumir o poder.

Neste livro estamos tratando da experiência profunda que o ser humano intensamente religioso poderá obter em sua vida, modificando-a bem como o mundo a sua volta. Os exemplos budistas mostram *insights* de várias pessoas, algumas, poetas — há um indiscutível vínculo, como veremos, entre a experiência mística e a poesia pura —, de diversas raças, épocas e posições sociais, apontando a universalidade dessa experiência da eclosão do mundo espiritual, e como ela muitas vezes ocorre quase inesperadamente diante das mais diversas situações existenciais.

Comecemos na China com Han Shan, que viveu no século VII da nossa era. Diz ele num poema:

> Estou escalando a senda da Fria Montanha.
> Ela vai subindo, subindo, subindo sem cessar.
> Encontro uma estreita passagem diante de mim,
> coalhada de entulho e arredondados pedregulhos.
> Lá também estão o riacho apressado e a vegetação
> queimada pelo frio nevoeiro.
> Cuidado! Pois escorregadio é o musgo apesar de não chover.
> Mas como **canta** o pinheiro e não há qualquer vento!
> Quem poderá comigo **saltar** dos laços que o prendem ao mundo
> e sentar **tranqüilo** entre as brancas nuvens?

Comentário: profundamente significativas são as palavras-chave **canta, saltar** e **tranqüilo**. E o verso final: "Quem poderá saltar dos laços que o prendem ao mundo..." Palavras que ressaltam a transcendência fundamental para perceber **Aquilo**.

Noutro verso Han Shan fala da mesma "montanha" afirmando:

Desde o começo morava e não sabia na montanha fria.
Quando perambulando sem destino entre as suas colinas
longe de problemas passaram por mim coisas que não deixavam marcas.
Agora, afrouxado e sereno, fluo através das estrelas
com uma fonte de luz na minha própria mente.
Não! não é uma coisa e todavia aparece nítida
diante de mim sem qualquer dúvida.
Agora, conheço a pérola sem preço da natureza de um Buda!
Ela é uma ilimitada e perfeita pérola!

Comentário: no verso: "Desde o começo morava e não sabia..." temos uma frase profundamente representativa do estado de ignorância em que vivemos neste mundo, completamente alienados da vida espiritual, da verdadeira **realidade**.

Passamos, agora, ao poeta-místico chinês Li Po, que viveu no século VIII da nossa era, que revela sua sensibilidade no seguinte poema:

Perguntas por que a minha casa fiz na floresta da montanha
e eu sorrio, sorrio, sorrio, pois silencioso estou...
E meu espírito está silencioso
pois noutro mundo vive
um mundo de quem ninguém é dono!!!
Os pessegueiros estão florindo...
E a água flui, flui, flui...

Comentário: a frase-chave agora é: **e meu espírito está silencioso pois noutro mundo vive**. Onde se dissocia claramente a alma — o eu pessoal — do Eu Imortal.

E, por fim, as suaves imagens dos perfumados pessegueiros floridos e a água fluindo, fluindo, indo, indo...

Continuamos com Li Po quando, num verso que é uma verdadeira pintura chinesa clássica, ele afirma:

Desaparecem do céu os pássaros
pois as últimas nuvens são varridas.
Juntos, sentados estamos
a montanha e eu.
Até que por fim só resta a montanha...

Comentário: um atestado da fusão quando desaparece o observador e a coisa observada. O pequenino eu, a sombra incômoda, desapareceu completamente.

Agora é a vez de um leigo, de um analfabeto chamado P'ang, que viveu no século IX. Ele disse e alguém ouviu e repetiu:

Quando a mente está em Paz,
Em Paz o mundo está.
Pois nada é Real. Nada ausente...
À realidade não mais nos apegamos
nem à vacuidade estamos presos.
Não és por isso nem sábio, nem santo,
apenas, um sujeito comum que o trabalho completou...

Comentário: a chave está no verso final que diz: **apenas um sujeito comum que o trabalho completou.**

Do mesmo leigo P'ang há uma outra explosão de 'autenticidade':

Sou completamente comum nas minhas diárias atividades,
pois estou em completa harmonia com elas.
Não mais me apego a coisa alguma nem mais nada rejeito.
Por que me preocupar com riquezas e honrarias?
Pois mesmo a coisa mais simples brilha;
Portanto o meu miraculoso poder ou atividade
é apenas apanhar água e carregar lenha...

Comentário: estar em completa harmonia é o segredo, pois tudo é puro e santo.

Do famoso Mestre japonês, Kukai (Kobo-Daishi), que viveu no século IX e foi o fundador da escola tântrica Shingon, vem-nos um poemeto onde ele mostra a interpenetração mágica existente entre tudo no universo. É a cantante imagem do fogo:

A chama toma diferentes formas quando a nossa mão se move.
Pois todas as coisas mudam com a nossa ação.
Pois nela floresce a primeira palavra "Ah"
e cada uma é por isso mesmo
pura e verdadeira.

Comentário: tudo no universo se interliga e vibra. O nosso pensamento, a nossa palavra e a nossa ação têm o poder de modificar a tudo em nossa volta. É o segredo da magia. De algo que a tudo embebe. Como dizia São Paulo, temos o Ser.

A mesma visão profundamente mística emanada das profundezas do nosso ser é apresentada por Tung-Sham (807-869) quando, em sua suave poesia, ele descreve a verdadeira realidade que nos cerca:

Para a realidade não olhes como fora de ti estivesse,
pois ao fazeres isso, mais e mais ela fugirá de ti.
Hoje, quando **atento** caminhava sozinho,
eu **O** encontrava em cada passo que dava
pois **Ele** era o mesmo que eu sou!
Mas ainda, eu não sou o que ele é.
Somente quando isso **compreenderes**
irás por fim **mergulhar**
nas coisas como elas realmente **são**!

Comentário: observem no poema a palavra atento. É uma palavra-chave. Sem atenção nada se alcança no mundo espiritual.

Outra palavra-chave refere-se àquilo que por ser grande demais não tem, teve nem terá nome. Aquele *Oyasama*, como se diz em japonês — pai e mãe simultaneamente — que constantemente brilha em nós. O mesmo sentido tem o pronome em destaque **Ele** que se segue.

Surge agora em destaque a expressão ***compreenderes*** que revela uma experiência na 'carne' — vivencial — daquela presença citada. O mesmo ocorre com o verbo ***mergulhar***, ou seja, aprofundar, ir direto ao centro de nós mesmos e perder a identidade do nosso pequenino eu de 'faz-de-conta'.

Por fim temos ***são***. Ser é o que um dia seremos quando deixarmos de lado as ilusões e fantasias das nossas pequeninas vidas e atingirmos a integridade de ***Ser***, ou melhor, quando nos transformarmos em verdadeiros seres humanos.

Um outro exemplo da poesia mística budista chinesa tem os toques de uma pintura feita sobre seda. O seu autor foi Izumi Shikibu (974-1034). É o seguinte:

Ao alvorecer,
a Lua solitária **contemplo**
e a mim totalmente **conheço**
sem de lado qualquer pedaço deixar.

Comentário: aqui está outro exemplo daquele estado alterado de consciência de um místico. A primeira palavra-chave é ***contemplo*** — é a visão nítida do que realmente somos, sem qualquer 'sombra' para interferir. Daí pode nascer o verdadeiro conhecer, isto é, o nascer da profunda identificação com o que realmente é.

Temos agora a poesia de um monge chamado Su Tung P'o, que viveu em (1036-1101):

A dourada boca do Buda **fala**
no ribombar da cachoeira.
Lá longe as montanhas
são o seu luminoso **corpo.**
Sinto que hoje estou **grávido**
de milhares de poemas que de mim nascerão.
Mas amanhã com certeza
nenhuma palavra **relembrarei**!

Comentário: a primeira palavra-chave é ***fala***. Do ponto de vista da realidade última, todas as coisas 'falam', pois são concentrações de energia que possuem uma 'duração', e, através dessas 'palavras' não necessariamente humanas, o *ser* supremamente iluminado, um **Buda**, comunica a todos os seres a sua sabedoria e compaixão. Acentuamos em destaque a expressão ***corpo*** porque é importante que saibamos que esse luminoso corpo está em todas as partes esperando que os nossos 'cegos' olhos o vejam. A seguir a significativa palavra ***grávido***. Os artistas, e todos os místicos são artistas, sentem essa 'gravidez', quando se sentem tomados pela criatividade que os possui, substituindo o estado 'rochoso' que normalmente assumimos nas nossas vidas. Ocorre, assim, o milagre do nascimento a qualquer hora ou em qualquer lugar. No caso de Su Tung P'o, isso ocorreu quando contemplava uma cachoeira. Na palavra ***relembrarei*** está a última chave do poema. Relembrar é passado. É memória. É o *déjà vu* dos franceses, o que já foi visto. Mas no ato criador ele não existe, pois nele só há a presença do eterno agora! Portanto esse esquecimento do que vivenciamos.

Agora é a vez de outro monge budista chinês, Wu-Men (1183-1260).

O pequeno poema é:

A **Eternidade** é um **instante**
o agora é a Eternidade.
Quando vês nesse mágico instante
verás através de alguém que vê!

Comentário: aqui há um jogo de palavras, a ***Eternidade*** e o ***instante***. O instante é fugidio e único. A Eternidade é constante e absoluta. Ambos são a mesma coisa. A percepção disso revela aquele que realmente sabe ver as coisas como elas verdadeiramente são.

Temos a seguir mais três exemplos do mesmo monge:

A Lua e as nuvens a sua volta são as **mesmas**
enquanto montanhas e vales são **diferentes**...
Todos entretanto são **abençoados**
completamente abençoados...
Na realidade **será** isso um só?
Ou serão dois?

Comentário: vamos às palavras-chave. Comecemos com ***mesmas*** e ***diferentes***. No conceito de ***mesmas*** temos a Lua e as nuvens. Algo mais sutil e que pertencem a uma unidade de ordem superior. Já as coisas ***diferentes*** são os vales e diferentes coisas do plano material da Terra, com forma e funções diversas. O plano delas é inferior. E assim os nossos sentidos a percebem.

A expressão ***abençoados*** indica algo sagrado, elevado, tocado pela realidade última onde todas as coisas estão enraizadas. A singela história chinesa sobre "a conquista do touro selvagem" conta como um pequeno pastor deixou fugir um touro e como, depois de muita luta, o reencontra. Tem, então, um momento de iluminação quando vê no vazio todas as coisas unidas. Essa é a bênção que está à espera de todos nós que nada mais somos do que pastores no mundo em que vivemos.

Por fim a dúvida, **será**? Tudo é um ou dual? Na verdade nem uma coisa nem outra, pois tudo é o que é, e os conceitos de unidade e dualidade são produtos de uma mente que dicotomiza, corta em dois o que é na sua essência íntegro."

O segundo pequeno poema de delicada sensibilidade do poeta-místico afirma:

Na **Primavera** dez mil flores! E a suave Lua de **Outono**!
Então a refrescante brisa do Verão e o manso cair da neve do **Inverno**!
Se a tua mente estiver completamente livre de inúteis coisas
Esta é a melhor estação da tua vida!

Comentário: há como se fosse uma venda que impede que tenhamos a visão do real que é o produto da acumulada ignorância. Quando nascer em nós essa compreensão, esta será a melhor estação da nossa vida. Por fim o terceiro poema:

Não há um portão fechado no grande caminho
pois **bilhões** de sendas até ele vão
Mas se por fim o **atravessares**
estarás só em todo o universo!

Comentário: **bilhões** — com esse número o místico indica que todo o ser humano tem a sua própria senda, e elas não se repetem. No terceiro fragmento de *A Voz do Silêncio* que está comentado neste livro, encontramos, claramente descritos, os sete portais da senda da espiritualidade e como podem ser ultrapassados. **Atravessares** — é o que um dia teremos que fazer; quando, não sabemos, mas é inevitável. A última palavra-chave é ***só***, pois a solidão é essencial para que a sonhada libertação aconteça.

Ocupa o espaço o monge Zen-budista e mestre dessa escola chamado Dogen que viveu no século XIII. Teremos aqui duas jóias de introspecção mística.

Meia-noite!
No céu a Lua cheia
tudo tranqüilo. Nem vento nem ondas no lago.
Um imóvel velho bote vazio
inundado pelo luar!

Comentário: neste poema está expressa a necessidade da quietude do nosso 'bote' para que possa ser inundado pelo 'luar' de uma maior compreensão.

E agora um pequeno poema sobre a "Impermanência da Mente":

Vindo, indo, vindo e indo
os pássaros aquáticos não deixam vestígios
pois nunca seguem a mesma senda.

Comentário: ninguém segue a mesma senda porque o lugar, a época, as circunstâncias individuais são sempre diferentes, e, por isso mesmo, tudo é novo!

Temos agora uma impressão do monge Bunan (1603-1676), a sua introspecção profunda da realidade:

Deves **morrer** enquanto pensares que estás vivo.
E então completamente **morto** deves ser.
Então faz o que quiseres pois afinal
tudo é **Bom**!

Comentário: a palavra **morrer** significa o abandono de tudo que não é real e que não percebemos quando pensamos que estamos vivos. Já a palavra-chave **morto** indica esse novo posicionamento diante do mundo, quando nada mais nos prende, pois estamos, por fim, livres de todas as lembranças. Então tudo o que pensarmos, falarmos ou fizermos será **bom** porque estará sendo feito pela primeira e última vez.

Do mestre budista japonês Gensei (1623-1668), temos o seu "Poema sem uma categoria":

Vou ao limite do jardim apoiado no meu rústico bastão.
Mas o portão está fechado. Chamo um monge para que o abra.
E, enquanto aguardo com a minha velha mãe, tomo uma chávena de chá.
Olhamos um para o outro embevecidos enquanto o chá em nós desce.
Poucas pessoas existem nas solitárias alamedas.
Ao longe o latido insistente de um assustado cão aos que passam.
Não há mais ponte pois a enchente a levou.
Tiramos, então, as sandálias "para o pequeno riacho atravessar."
Há, ao lado, um pequeno pavilhão no local onde antes havia uma colina.
Paramos. E lá o nosso temperamento de eremita
muitas vezes esqueceu o tempo
e foi escrevendo versos.
E folhas e folhas foram se empilhando;
mas esse tempo passou, e, agora, chapinho alegre
nas águas frias do regato e de relance vejo as lajotas do fundo
e fico admirado como firmes elas são.
E **percebo** que o ponto fundamental na vida
é conhecer o que é suficiente
e por que devemos ficar a invejar os imortais
que estão em outros mundos?
E sei que com um centímetro quadrado do meu coração poderei encher
todo o espaço existente entre o céu e a terra!

Comentário: neste poema, Gensei expressa toda uma vida. A vida de cada um de nós com a nossa mãe, as nossas caras recordações e toda a bagagem que carregamos. Mas temos que deixar tudo isso de lado para "atravessar o riacho onde não existe mais ponte". É então que ocorre aquilo que podemos chamar **percebo**, que é um percebimento do que já está em nós desapercebido. Assim, como canta o poeta na sua exaltação mística, **o meu coração poderá encher todo o espaço existente entre o céu e a terra!**

Nasce agora um espaço para transcrever um poema anônimo escrito numa das paredes do eremitério de Chang:

Na primavera só peregrino nas montanhas
Onde ecoa o som do cortar das madeiras secas
entre a testemunha silenciosa dos altivos picos.
Os riachos ainda estão completamente congelados.

Ainda há a neve nas trilhas.
Quando cai a tarde alcanço o bosque
situado no pedregoso passo da montanha.
E nada desejo embora a noite me inspire
e possa ver uma aura dourada e o minério de prata
que está em nosso redor.
Felizmente agora estás pacificado completamente
e como o cervo que mora nas montanhas estás domado.
Já esquecestes o caminho de volta pois está oculto
e distante e eu me tornei como tu realmente és.
Apenas um bote vazio, flutuando, flutuando, sem destino.

Comentário: neste belo poema todos nós nos encontramos quando abandonamos a nossa fútil vida e procuramos uma nova vida espiritual. No poema está claramente dito: **nada desejo,** pois desejar é colocar uma barreira diante de nós. No poema está dito que devemos esquecer o **caminho de volta**.

Chegamos agora ao mestre da poesia japonesa, Basho (1644-1694), com dois exemplos da sua extraordinária sensibilidade mística que bem prenuncia esse *Alvorecer da Vida Espiritual*. Vamos ao mais conhecido no mundo inteiro escrito na forma de um *haikai* de dezessete sílabas:

O velho **poço**
a rã nele saltando
o som ***splash***!

Comentário: neste verso de dezessete sílabas há toda uma transformação da criatura que somos. O **poço** é o mistério dentro de nós e a nossa volta. O inexplorado. O que é virgem. O poço escuro que tanto tememos. A hesitante rã que está na sua borda somos nós, repletos de medo diante do desconhecido escuro. Haverá água na escuridão ou iremos morrer de encontro ao solo? Mas surge a decisão e com ela o salto, a expressão onomatopaica **splash**, exprimindo que, por fim, encontramos a água da verdadeira vida.

E uma última amostra da sensibilidade de Basho:

Em Kyoto estou
mas quando o cuco canta
saudades Kyoto...

Citaremos agora o poeta-místico japonês budista Ryokan (1758-1831) em três momentos da sua poesia livre, como o espaço:

O Céu azul profundo, cintilante do primeiro dia da primavera.
O Sol enorme e morno

Tudo está ficando verde.
Vou lentamente carregando a minha tigela de monge
em direção ao vilarejo em busca da minha refeição
Quando me vêem, as crianças me rodeiam alegremente
puxam as mangas do meu manto até que eu pare.
Deixo a tigela sobre uma pedra e penduro a sacola num galho
Faço um cabo de guerra com a grama
e damos saltos e voltas com uma bola no ar.
Eu a bola chutava e cantava e então era a vez deles.
Não há mais tempo, as horas parecem voar...
Pessoas passam e apontam para mim e riem das minhas artimanhas
E perguntam: Por que estás fazendo o papel de um tolo
tu que és um monge?
Eu apenas sacudia a cabeça e nada dizia.
Por que querem conhecer o meu coração?
Desde que me conheço ele é apenas isto! Apenas isto!

Comentário: neste poema, Ryokan demonstra ser um pintor de rara sensibilidade. Tudo está descrito na sua essência, e, quando faz a pergunta final, responde triunfante dizendo que o seu coração é apenas isto! Apenas isto!

Num outro poema Ryokan afirma:

Somente há uma verdade
em todas direções do imenso universo
Quando **claramente** vistos
todos os ensinamentos são os **mesmos**
Como algo pode ser perdido?
Como algo pode ser alcançado?
Se alguma coisa perdemos podem ter certeza
ela esteve sempre bem próxima de nós.
Se alguma coisa alcançamos podem ter certeza de
que ela esteve sempre junto de nós...
Olhem! Esta **simples bola** que está no meu bolso
poderão por acaso ver que é algo sem preço!

Comentário: como é difícil ver claramente, sem as sombras projetadas pela nossa memória. Ver as coisas como elas realmente são e não o que pensamos que sejam. Quando isso ocorre nasce uma nova consciência que existia em nós até então completamente bloqueada. É um admirável mundo novo. Puro, resplandecente.

A expressão em itálico, *mesmos*, enfatiza a identidade fundamental de todos os verdadeiros ensinamentos e a sua complementaridade.

Finalmente as palavras: **olhem** e **simples bola**. A primeira enfatiza que devemos ver claramente o que está oculto para nós em virtude da nossa ignorância (*avydia*). É um enérgico chamado à plena atenção fundamental na vida espiritual. Já a simples **bola** mostra que todas as coisas possuem uma especialidade que as fazem jóias sem preço, pois até uma simples bola, feita em série, é única, uma vez que é diferente de todas as outras que saíram da mesma máquina, porque nada é idêntico na natureza, que é perfeita demais para se repetir mecanicamente.

Por fim, um outro exemplo da sensibilidade de Ryokan:

Tenho preguiça demais
para ser ambicioso.
Deixo que o mundo tome conta de si mesmo.
E aqui estou com arroz para dez dias de subsistência
na minha rude sacola e um feixe de ramos secos
para a lareira.
Por que então ficar tagarelando sem fim
acerca do que seja a iluminação ou a ilusão?
Ouço apenas à noite o barulho da chuva
caindo suavemente no meu teto.
Estico confortavelmente as minhas cansadas pernas.
E é só isso...

Comentário: a 'preguiça' de Ryokan é a antipreguiça pois é a lucidez de quem vê a inutilidade da ambição. Sua felicidade, como a nossa, é muito pequena, apenas a satisfação de estarmos, aqui e agora, vivos. Só isso. Para que mais?

Finalizamos esta coletânea de poesia mística espiritual de origem budista com dois *haikais* de Mestre Issa (1763-1827):

Na sombra das cerejeiras
não há nada
que pareça **estranho**.
Voando ao sair
do **nariz** do Grande Buda
uma andorinha.

Comentário: nesses toques de poesia, Mestre Issa fala-nos que nada é **estranho**, ou seja, alienado de nós mesmos, pois todas as coisas visíveis e invisíveis estão mergulhadas naquilo que é grande demais para ter um nome. Essa identidade perdida só nos é revelada quando deixamos que as coisas fluam como elas são em sua natureza última.

Na alusão ao **nariz** do Grande Buda, temos um toque da respiração universal que mantém a nossa vida, uma vez que tudo respira à sua maneira.

5

O Caminho da Iluminação

[Tradução comentada do texto atribuído a Nagarjuna e transcrito por Helena Blavatsky, *A Voz do Silêncio* — Terceiro fragmento]

Como uma moeda, o Budismo possui duas faces. Uma é fácil de ser vista, pois está à mostra de todos; é chamada a face exotérica. Por meio dela milhões de pessoas poderão alcançar a libertação do sofrimento e viver uma vida feliz no meio de uma sociedade repleta de conflitos. A outra 'face' é difícil de ser encontrada, pois não está facilmente à vista de todos, já que só começa se revelar para aqueles que querem atingir a Iluminação. Essa face é chamada de esotérica e está à disposição de todos que quiserem encurtar nesta vida o longo caminho que constitui o imenso *samsara*, o vir-a-ser, com suas voltas intermináveis para nós nesta vida como seres humanos e, portanto, sujeitos a todos os sofrimentos.

O texto que iremos comentar refere-se a essa última face; revela uma intensa luz que brilha em nós em meio às tempestades da nossa vida.

Falamos de *A Voz do Silêncio,* de Helena Petrovna Blavatsky (1889), onde a escritora revela textos memorizados, em 1860, quando em treinamento no Tibete e os quais ela reproduziu durante uma estadia em Fontainebleu, na França.

Esse antigo texto budista é atribuído a Nagarjuna, que, segundo o Professor Hisao Inagaki, é o maior expoente do Budismo depois de Sakyamuni. Ele viveu, não se sabe ao certo, entre os anos 150 e 250 da nossa era. Todas as escolas que, posteriormente, se desenvolveram na Índia, na China, no Tibete, na Coréia e no Japão foram-lhe atribuídas e é considerado pela escola da Terra Pura, Jodo Shinshu — a maior escola budista do Japão — seu primeiro patriarca.

É muito valioso o testemunho do grande erudito e o maior divulgador do Budismo *mahayana* nos tempos modernos, Dr. Deitaro T. Suzuki. Professor de religiões do Extremo Oriente na afamada Universidade de Oxford na Inglaterra, teve conhecimento da existência na biblioteca de um pequeno livro chamado *A Voz do Silêncio*. Leu-o e considerou-o um autêntico texto do Budismo *mahayana*! Em 1935, o Panchem Lama, em Pequim, garantiu a autenticidade do texto dizendo que ele era adotado nos mosteiros para o treinamento dos discípulos. Sylvia Cranston, a grande biógrafa de Blavatsky, afirma no seu livro *A Extraordinária Vida de Helena Blavatsky,* que, mais tarde, Suzuki foi convidado a visitar e fazer conferências nos Estados Unidos, e, ao encontrar, numa das sedes da Sociedade Teosófica um grande retrato de H.P. Blavatsky, ficou imóvel, em estado de contemplação diante do retrato, e disse: "Aí está um verdadeiro *bodhisattva*!"

Passemos ao terceiro fragmento dessa importante obra. O seu final. O cume da montanha. Os que estiverem lendo devem tranqüilizar o corpo físico, seus cinco sentidos — visão, audição, olfato, tato, paladar —, e, por fim, a mente. Essa mesma mente é considerada, no início do livro, como "a grande assassina do real."

O versículo que inicia o terceiro fragmento diz:

196. Ó **Guru, a escolha** está feita. Pois tenho **sede de sabedoria**!

Comentário: temos aqui quatro palavras-chave.

1) ***Guru***: é o mestre, o professor, o instrutor. Aquele que abre as portas de um novo mundo que está dentro de nós, na maior parte das vezes, adormecido profundamente.
2) ***Escolha***: cabe a cada um de nós, com nosso livre-arbítrio, continuar presos, ou não, aos laços do vir-a-ser, do *karma*, das reencarnações que nos parecem intermináveis ou, então, ir procurar um novo caminho que nos liberte dessa prisão no tempo e no espaço.
3) ***Sede***: é necessário para isso termos 'sede', sentirmos necessidade dessa 'água' espiritual para irmos até a sua 'fonte' que está dentro de cada um de nós, a nossa espera, em meio a esse aparente deserto que é a nossa vida quotidiana.
4) ***Sabedoria***: é a chamada *prajna*, a real compreensão dentro de nós do que está além do nosso conhecimento intelectual.

Diz, ainda, o versículo: ...Agora que **rasgaste** o **véu** diante da secreta senda, por favor me ensina, por piedade, a grande **Yana**. Pois o teu **servo** está **pronto** a ser instruído!

Comentário: cinco são as palavras-chave:

1) ***Rasgaste***: significa romper com decisão e entusiasmo o que limita a nossa percepção do mundo espiritual.
2) ***Véu***: significa o manto da ignorância tecido por nossos sentidos e que impede a visão daquilo que, na mística universal, é chamado de "Clara Luz".
3) ***Yana***: é veículo, bote. A chamada escola *mahayana*, que significa o Grande Veículo do Budismo, é uma maior abertura em relação ao Budismo primitivo, chamado, sob protestos dos seguidores desse último, de o Pequeno Veículo.
4) ***Servo***: alguém que está completamente à disposição para receber auxílio e para cumprir novas determinações.
5) ***Pronto***: significa estar 'maduro', para receber as instruções que trarão uma nova visão da realidade.

O Guru, então, começa a falar:

197. Está bem **Shravaka! Prepara-te** pois terás que caminhar **sozinho**! Pois o Instrutor poderá apenas te **apontar** o **caminho**! Pois a senda é uma para todos, mas os meios para alcançar a meta **têm** que **variar** com os **peregrinos**!

Comentário: analisemos profundamente, de forma 'vertical', essas oito palavras em destaque.

1) ***Shravaka***: é o ouvinte, que está aos pés do mestre para receber instrução.
2) ***Prepara-te***: assim como é necessário o preparo físico para um atleta antes de uma competição, o mesmo ocorre com o 'atleta espiritual' que tem de se submeter a uma série de regras ensinadas nos mosteiros.
3) ***Sozinho***: na vida espiritual é necessário que estejamos sós, desprovidos de qualquer apoio psicológico, pois, sem essa fundamental "solidão", o estreito caminho do 'fio da navalha' não se mostrará diante de nós.
4) ***Apontar***: é o mestre que nos orienta, inspira, estimula. Sem a indicação daqueles que já transcenderam o caminho, é impossível continuar sem perigos.
5) ***Caminho***: é a estrada, a senda como é chamado nos textos espirituais de todas as tradições.
6) ***Têm***: é algo impositivo que temos de cumprir sob pena de perdermos todo o esforço para alcançar a sonhada meta, a libertação, a iluminação, o *samadhi*, um estado supremo de consciência alcançado por aqueles que mergulharam Naquilo. No nosso caso, o de um budista da escola amidista, esse Aquilo é a vida eterna e a luz infinita, que recebem os mais diversos nomes nas diversas tradições religiosas, filosóficas, científicas ou artísticas do mundo. Os nomes não importam pois são simples rótulos Daquilo.
7) ***Variar***: essa variação depende muito de cada um de nós, uma vez que cada um tem a sua própria senda, como uma impressão digital, diferente de tudo que existiu ou existirá.
8) ***Peregrino***: o texto refere-se a todos nós: humildes buscadores daquilo que um dia iremos encontrar quando pararmos de buscar...

198. Qual delas irás **escolher**, Ó tu de **indômito** coração? A **Meditação** da doutrina do olho, a quádrupla *dhyana*, ou trilharás a tua senda através das seis ***paramitas***, os nobres portais da virtude que leva a ***bodhi*** ou a *prajna*, que é o sétimo degrau da sabedoria?

Comentário: novamente diante de nós palavras-chave.

1) ***Escolher***: cabe a cada um de nós que essa escolha esteja de acordo com o nosso *karma* e *dharma*, enfim, com as características individuais intrínsecas.
2) ***Indômito***: sem termos qualquer medo. Com uma firme determinação, que os hindus chamam de *vyria*.

3) ***Meditação***: um processo intenso de interiorização que pode levar à plena atenção, também chamada em sânscrito de *dhyana*.
4) ***Paramitas***: são as seis espécies de práticas através das quais o *bodhisattva* alcança a condição de Buda, a saber: generosidade, observância aos preceitos, perseverança, esforço, meditação e, por fim, sabedoria.
5) ***Bodhi***: é a mais elevada e transcendente sabedoria, ou seja, a iluminação.

199. A rude senda da quádrupla *dhyana* **dá voltas** e **sobe a montanha** e três vezes grande é aquele que alcança o **topo**.

Comentário:

1) ***Dá voltas***: essa frase indica que a subida é árdua, e o peregrino vai tentando subir, como os animais o fazem, através das linhas de menor resistência a fim de alcançar sua meta.
2) ***Sobe***: dá idéia da ascensão, de uma sutilização gradativa a cada passo, que é uma constante no caminhante destemido em sua heróica jornada, abençoada por todos os budas.
3) ***Montanha***: somos nós essa 'montanha', mas vivemos somente no seu sopé e, muitas vezes, nem a avistamos pois estamos perdidos no meio de nossas sensações e pensamentos.
4) ***Topo***: é o cume máximo que não pode ser ultrapassado. O local onde acaba a terra e começa o céu que está dentro de nós, à nossa disposição todo tempo, mas não temos normalmente a consciência disso. É como se nunca tivesse existido... porém está lá, pacientemente, a nossa espera.

200. As alturas em que estão as *paramitas* são atingidas por uma **senda ainda mais íngreme**, mas para isso terás que atravessar **sete portais**, sete fortalezas defendidas por **cruéis** poderes que são as nossas paixões **encarnadas**.

Comentário:

1) ***Senda ainda mais íngreme***: o que faz com que o esforço nessas culminâncias espirituais cresça enormemente diante do 'frio' e do ar cada vez mais 'rarefeito' — algo que está ligado ao nosso afastamento do mundo de 'faz-de-conta' em que julgamos estar vivendo.
2) ***Sete Portais***: portas fechadas ao peregrino e que serão mostradas no versículo 207. Até lá, tenha paciência Ó peregrino. Não te afobes diante desses Portais pois eles se abrirão quando estiveres preparado.
3) ***Cruéis poderes***: é algo que terás de dominar, vencer, antes que ascendas na senda. Fica calmo e espera o áureo momento.
4) ***Encarnadas***: são as paixões que estão dentro de nós e que resultam do nosso *karma* e *dharma* — de tudo que pensamos, falamos e agimos. Na Natureza tudo é cuidadosamente registrado e tem que ser pago de várias maneiras.

201. Mantém firme o teu **bom ânimo**, Ó discípulo! Mantém em tua mente a **regra de ouro** uma vez que tenhas passado pelo portal de *srotapatti* e atingido a correnteza que leva ao oceano nirvânico, nesta ou numa futura vida. Então terás apenas sete vidas diante de ti, Ó tu que és dotado de uma adamantina vontade!

Comentário: as palavras-chave, uma vez lidas 'verticalmente', poderão iluminar o sentido profundo do versículo.

1) ***Bom ânimo***: é indispensável, quando estamos conscientes da senda, a manutenção de um elevado ânimo em todos os momentos. Não desesperar nunca, pois isso é o que os poderes das trevas desejam. Agüenta firme, irmão!
2) ***Mantém***: é novamente o mestre chamando nossa atenção.
3) ***Srotapatti***: significa aquele que entrou na correnteza, que é o primeiro passo a ser dado na senda. O segundo passo é *Sakridagamin*, que significa 'aquele que receberá o nascimento somente mais uma vez'. O terceiro passo na senda é *anagamin*, que quer dizer 'aquele que não mais reencarnará — só se assim quiser — a fim de auxiliar a humanidade". Já a quarta senda é chamada a do *arhat*. O homem perfeito que vê o *nirvana* durante a sua vida e passa a viver no 'paraíso', em *sukkavati,* conforme dizem os adeptos da escola Jodo Shinshu. Isso é algo que está ao alcance de todos os seres humanos, se obedecerem a determinadas condições durante suas vidas. Para aqueles que atingiram esse elevado estado, não existe mais um estado *post mortem* mas sim a presença de um constante *samadhi* no qual ele experimenta toda a bem-aventurança nirvânica.

202. Olha **firme**! O que vês então diante dos teus **olhos**, Ó aspirante a uma sabedoria semelhante à de **um Deus**?

Comentário:

1) ***Olha firme!***: aqui está o segredo, a chave para uma vida espiritual: a plena atenção em todos os momentos.
2) ***Olhos***: não os olhos carnais, que terão de aprender a ver para poderem penetrar na inefável realidade, mas o olho do espírito que tudo vê.
3) ***Um Deus***: uma forma elevada, capaz de descrever o estado superior de desenvolvimento de um ser humano. Algo que algum dia poderemos alcançar, se tivermos determinação para isso. Podemos dizer que os seres humanos são como deuses em potencial, ou, como disse certa vez o Buda Sakyamuni: "são tantos os budas existentes no universo, quanto os grãos de areia do rio Ganges!"

203. O **manto das trevas** está profundamente **entranhado** na **matéria**. Dentro de suas dobras **eu luto**. Debaixo do meu olhar ele se **aprofunda,** Ó Senhor.

Mas ele se **dissolve** diante de um movimento da tua mão. A sombra move-se coleante como uma serpente... Ela cresce, incha e **desaparece** nas trevas.

Comentário:

1) ***Manto das trevas***: nas trevas vivemos, pois não percebemos o que é verdadeiramente real. Os nossos sentidos assassinam o real; mas não só os sentidos como também a mente, conforme está dito logo no início de *A Voz do Silêncio.*
2) ***Entranhado***: o que significa estar profundamente misturado com a base do nosso ser, escurecendo a base do nosso mundo com o nosso pessimismo e egoísmo.
3) ***Eu luto***: é necessária uma constante luta, em todos os momentos de nossa vida, contra esse domínio das trevas que tentam, de todos os modos, escravizar-nos na matéria. Cada 'momento' é um novo momento que só os que estão cegos para a realidade deixam escapar.
4) ***Aprofunda***: quer dizer, foge, refugiando-se no nosso inconsciente onde melhor poderá se ocultar.
5) ***Dissolve:*** desaparece sob a luz do Real.
6) ***Desaparece***: some completamente, pois agora não há mais qualquer barreira entre o observador e a coisa observada; fundiram-se numa só realidade.

204. Esta é a tua própria **sombra** que está **fora** da **senda**, projetada nas trevas dos teus **pecados**.

Comentário:

1) ***Sombra***: algo que todos nós possuímos e que é, em última análise, uma projeção do nosso inconsciente aparecendo como uma presença na nossa consciência. É algo desconhecido, misterioso, aterrador mesmo, para os que não têm a capacidade de jogar luz sobre ela.
2) ***Fora***: essa sombra está como diz o versículo do lado externo e, portanto, não pode ser claramente percebida.
3) ***Senda***: o caminho que expressa a nossa vocação — o nosso *dharma* — e que faz com que o percorramos sem grandes sacrifícios.
4) ***Pecados***: o resultado de transgressões em pensamento, palavras e ações, nesta ou em outras vidas. Algo que está diretamente ligado ao nosso *karma*, ou, em uma linguagem moderna, ao nosso DNA — dívidas que foram contraídas no passado e que terão que ser pagas no presente.

205. Sim, Senhor, eu **vejo** agora a **senda**! O seu começo está na **lama**. O seu **pico** está perdido na gloriosa **luz nirvânica**! E agora já posso ver os estreitos portais que estão no duro e espinhento caminho para *Jnana*!

Comentário:

1) ***Vejo***: aqui está uma palavra auspiciosa, pois a maioria dos seres humanos não vê o caminho da realização e se perde em vidas inúteis, totalmente voltadas para os sentidos que gravitam em um pequenino, mas, para muitos, importante eu.
2) ***Senda***: outra importante palavra, muito usada neste texto. É o verdadeiro caminho que, uma vez trilhado corretamente, poderá levar-nos até a sonhada libertação.
3) ***Lama***: indica o mundo em que vivemos, com seus choques, conflitos, violências, simbolicamente representado como sendo o terreno em que a grande maioria dos humanos está pisando. A 'lama' tem, entretanto, muito do 'estrume' que alimenta e fortalece o crescimento espiritual. E não nos devemos envergonhar por estarmos ainda presos a essa 'lama'. Essa idéia mágica está latente na alquimia de todos os tempos nos símbolos do 'chumbo' e do 'ouro' quando o chumbo, um dia, irá transformar-se em ouro.
4) ***Pico***: todos nós, sem que muitas vezes percebamos, temos um 'pico' na nossa montanha da vida espiritual. E este pico será alcançado um dia. Quando, não sabemos dizer. Mas é um fato incontestável que iremos alcançar essa culminância e estaremos, então, finalmente livres das vidas e das mortes sucessivas.
5) ***Luz nirvânica***: este é o grande momento em que se dá a elevação do nosso 'percebimento', quando veremos por fim uma intensa Luz que caracteriza o estado de *nirvana*, da paz absoluta.

206. Tu bem viste Ó *Lanu*. Esses Portais levam o aspirante a cruzar as águas indo até a **outra margem**. Cada portal tem uma **chave** dourada, e essas chaves são:

Comentário:

1) ***Outra margem***: nome simbólico nascido de um belíssimo *sutra* em que o Senhor Gautama Buda fala aos seus discípulos que eles terão de cruzar um dia o rio da existência para poderem alcançar a 'outra margem'. Para isso eles necessitarão, cada um, de um barco rijo, remos e de uma forte disposição de ânimo para poder remar em turbulentas águas. Mas, ao alcançar por fim a 'outra margem', o discípulo deverá deixar o barco nas margens do rio e não tentar levá-lo às costas nem os seus remos. O barco é a doutrina budista (o *dharma*), os remos são a prática desta doutrina em todos os momentos da vida. Assim, deixando de lado tudo, ele poderá partir 'desnudo' para o *nirvana*.
2) ***Chave***: como verão a seguir cada chave é um atributo vivencial que teremos de praticar a todos os momentos se desejarmos dar o 'o Grande Salto'.

207. A primeira chave é *dana*. A chave da **caridade** e do **amor imortal**.

Comentário:

1) ***Caridade***: é a total doação de tudo que é nosso para todos ao nosso redor da mesma forma com que o Sol se doa para todos os seres visíveis e invisíveis. Não há qualquer desejo de retribuição pela doação feita. Há, sim, o prazer intenso, um verdadeiro êxtase, de sermos apenas um órgão dessa doação. Esta chave deverá ser utilizada, como dizia o mestre Shinran, quando estivermos sentados, andando ou deitados. Devemos, sempre, irradiar **paz** para todos os quadrantes, pois nós a temos acesa nos nossos corações.
2) ***Amor imortal***: é *karuna* para os budistas. Um intenso amor por todos os seres visíveis e invisíveis, porque eles estão em diversos estágios dessa marcha que os levará a tornarem-se *budas*.

208. A segunda chave é **sila**, a chave da **harmonia** no pensamento, palavra e ação. É a chave que **contrabalança** a causa e o efeito e não deixa **mais espaço** para a ação do *karma*.

Comentário:

1) ***Harmonia***: Paz, tranqüilidade, serenidade, nos sentimentos, no pensamento, na palavra e na ação. Sem esse estado interior não podemos almejar, nem sonhar alcançar um dia, o caminho da realização final, que buscamos inconscientemente, na maioria dos casos, como verdadeiros budistas.
2) ***Contrabalança***: ou seja o que alterna a Lei da causa e efeito que os budistas conhecem como sendo *karma*, evitando com isso criar mais *karma* e minimizando, na medida do possível, o que foi acumulado, e que terá de ser 'pago' nesta vida.
3) ***Mais espaço***: significa ocupar com *sila* (*shila*) — a harmonia, a paz, a tranqüilidade, a serenidade — todos os espaços e todos os momentos, que, desta forma não poderão ser preenchidos pelo *karma*.

209. A terceira chave é *Shanti*, **paciência**, uma doçura que nada poderá perturbar.

Comentário:

1) ***Paciência***: não se afobar. Saber esperar sem tensões. Estar totalmente aberto ao "aqui e agora". Viver no Eterno a todos os momentos. Num estado sutil que é como uma fina cortina de gaze que absorve e não se rompe com o que contra ela se chocar.

210. A quarta chave é *viraga*. **Indiferença** ao prazer e à dor. A **vitória** final sobre a Ilusão quando somente a Verdade é percebida.

Comentário:

1) ***Indiferença***: é estar acima dos opostos e não reagir contra eles. É não estar mais preso ao 'tempo' e ao 'espaço', mas viver no atemporal. Só o eterno agora tem lugar.
2) ***Vitória***: é a meta final onde refulge como um sol sem nuvens, como diz o versículo, onde se percebe a ***Verdade***.

211. A quinta chave é *Virya*, indomável **energia** de alguém que luta para alcançar a Verdade **saindo** da lama terrestre.

Comentário:

1) ***Energia***: força, entusiasmo para continuar esforçando-se sem qualquer enfraquecimento. É estarmos sempre alertas àquilo que fazemos.
2) ***Saindo***: é o ato de nos livrarmos do pântano em que estamos mergulhados há muito tempo. Para isso devemos deixar de nos debater, pois quanto mais o fazemos mais afundamos. É preciso saber esperar o momento adequado.

212. A sexta chave é *dhyana*, cujo portão de **ouro**, uma vez aberto, leva à **Santidade** ou ao Adeptado (*naljor*), em direção ao **reino do Eterno** e de sua incessante contemplação.

Comentário:

1) ***Ouro***: é *dhyana*, a meditação que leva ao limiar da plena atenção e com ela à plena iluminação. Sem essa meditação constante é impossível alcançar-se a grande meta. Ela é *ouro*, algo valiosíssimo.
2) ***Santidade***: um supremo estado, latente em todos os seres visíveis e invisíveis, que irá reluzir um dia, quando todas as 'camadas' que a impedem de ser percebida forem removidas.
3) ***Reino do Eterno***: este é o reino em que estamos mergulhados desde todo o sempre, sem que tenhamos consciência.

213. A sétima e última chave é *prajna*. A chave que faz de um ser humano um deus, criando nele um *bodhisattva*.

Comentário: *prajna* é a sabedoria plena. É a chave das chaves que abre o último portal, permitindo que nos transformemos num *bodhisattva*, ou seja, alguém que renuncia à paz do *nirvana* e prefere auxiliar todos os seres a galgarem a montanha que os conduzirá à libertação.

E esse conjunto de versículos de *A Voz do Silêncio* termina com o seguinte:

214. Para esses portais são estas as chaves de ouro!

Comentário: agora temos em nossas mãos essas chaves, e depende somente de nós se as usamos ou não. Isso é algo que cada um terá que decidir por si mesmo.

215. Antes que possas te aproximar do último portal, Ó tecelão do teu destino, terás que obter essas *paramitas* da perfeição — as seis virtudes transcendentais ou as dez (no caso de monges) — ao longo da cansativa senda.

Comentário: é importantíssimo que tenhamos vencido essas verdadeiras barreiras, obstruções que nos impedem de prosseguir em nosso caminho. Fica claro que cada um de nós é quem tece o seu próprio destino.

216. Pois, Ó discípulo, antes que estejas apto para encontrar face a face o teu Instrutor, o teu mestre, a plena Luz, o que te contaram?

Comentário: cada um de nós, pois todos somos de certo modo discípulos, mesmo que não saibamos, deve recordar algo que foi dito por alguém, num livro, ou uma inspiração direta, vinda daquele simbólico 'anjo da guarda' que todos possuímos e que se reveste na maioria das vezes como sendo a nossa intuição. É aquele sexto sentido que evita, muitas vezes, que cometamos muitos erros nas nossas vidas.

217. Antes que possas te aproximar do principal portal, tens que aprender como separar o corpo da mente, a dissipar a sombra, e a viver no eterno. Para isso terás que viver e respirar em tudo, assim como tudo aquilo que percebes respira em ti; a sentir que estás morando em todas as coisas, e todas as coisas vivem no Ser supremo.

Comentário: neste versículo existe um verdadeiro hino de elevada exaltação mística que gera essa nossa participação em tudo que nos rodeia. É a revelação do fato de não percebermos, em virtude de nossa ignorância e do condicionamento a que estamos submetidos por vidas sucessivas, que estamos na grande maioria 'mortos' apesar de aparentemente pensarmos que estamos vivos.

218. Não deves permitir que os teus sentidos façam da tua mente um parque de recreação.

Comentário: os sentidos, quando não devidamente utilizados, transformam-se em distrações que, cada vez mais, afastam-nos da realidade, daquilo que está no cerne de todos nós e de todas as coisas.

219. Não deverás separar o teu ser do **Ser,** e do resto, mas, sim, mergulhar no oceano, mesmo que seja numa gota, pois essa gota mergulhará no oceano.

Comentário: neste versículo, mais uma vez aparece a ilusória dicotomia entre o nosso ser, o nosso eu, a nossa personalidade que julgamos ser nossa dona, e o verdadeiro **Ser**, que é chamado pelos hindus de *Atman*, pelo filósofo Leibnitz de

Mônada, ou de Eu Superior pelos teósofos. Temos que mergulhar no oceano do qual nunca nos afastamos e senti-Lo em nós, nos nossos pensamentos, nas nossas palavras e nas nossas ações.

220. Então tu estarás de pleno acordo com tudo que vive: sentirás amor pelos homens como se eles fossem teus irmãos-discípulos, discípulos de um mesmo Instrutor, os filhos da mesma doce mãe.

Comentário: novamente aqui perpassa a mesma atmosfera mística da união intrínseca existente entre todas as coisas aparentemente separadas pelos nossos sentidos.

221. Há muitos instrutores; mas o mestre da alma é um só, *Alaya*, a alma universal. Vive naquele mestre pois o Seu Raio está em ti. Vive com os teus companheiros como eles vivem Naquilo que também está em ti.

Comentário: o número de instrutores, professores, é grande, a começar por nossos pais, por nossa família, pelos amigos, pelos que, nas escolas, ensinam-nos diversas disciplinas; também nossa própria vida tenta ensinar-nos por meio dos erros e dos acertos. Mas o mestre é um Só. É, como diz o versículo, aquela participação procedente da alma universal que constantemente tenta nos ajudar a tornarmo-nos verdadeiramente humanos.

222. Antes que possas ficar de pé no limiar da senda; antes que possas transpor o principal portal, tens que unir os dois em Um e sacrificar o teu pequeno eu, e tudo que é pessoal, ao *ser* impessoal, e assim estarás destruindo a "senda" existente entre os dois — *Antahkarana*.

Comentário: a expressão *Antahkarana* designa a mente inferior na qual normalmente trabalhamos, que é, entretanto, um verdadeiro caminho, se quisermos segui-lo sem receio, que nos levará à mente superior ou abstrata, onde pouquíssimos atuam. Quando sobrevém a morte, essa comunicação é cortada e o que resta dela é o que se chama, nos círculos espíritas, de 'Cascarão', ou 'Cascão'.

223. Tu tens que estar preparado para responder ao *dharma*, a lei severa, cuja voz irá te perguntar antes que dês o passo inicial no caminho que leva à espiritualidade.

224. Cumpriste todas as regras, Ó tu de elevadas esperanças?

225. Será que **sintonizaste** o coração e a mente com a grande mente e coração da humanidade? Pois, assim como no rugido da voz do rio sagrado, todos os sons da natureza ecoam de volta, assim o coração daquele que quer entrar na correnteza, deve **ressoar** em resposta a cada suspiro e pensamento de tudo que vive e respira.

Comentário: aqui temos duas palavras-chave: **sintonizaste** e **ressoar**. **Sintonizaste** — todo o processo de desenvolvimento espiritual envolve um gradativo aumento de sintonia, de entrar em ressonância com algo muito sutil, mas que está dentro de nós. Para que isso seja percebido, temos que preparar, ou melhor, 'treinar' nossos veículos mais sutis para que essa sintonia seja perfeita. Essa sutilização ocorre através da redução gradativa dos nossos *kleshas* (impurezas) e por intermédio dos nossos pensamentos, nossas palavras e nossas ações em nossas atividades quotidianas. A palavra **ressoar** revela o momento em que a sintonia acontece e quando começamos a perceber o que até então era imperceptível em virtude das nossas limitações corporais.

226. Os discípulos podem ser assemelhados às cordas de uma Vina; a humanidade, à câmara de ressonância dessa Vina (o seu corpo); a mão que toca essas cordas é a respiração da grande alma do mundo. Quando uma corda fracassa e não consegue responder 'ao toque do mestre em doce harmonia com as outras', ela **arrebenta** — e é jogada fora. Assim as mentes coletivas dos *Lanu-Shravakas* procedem. Elas devem estar afinadas com a mente de *Upadhya* — que é una com a super-alma — ou então arrebentarão irremediavelmente.

Comentário: neste versículo é mostrada a importância dessa afinação, dessa ressonância pois, se ela não existir, não há possibilidade de contato com a super-alma que existe dentro de nós e dentro de todas as coisas, e que é o território último onde temos o nosso Ser.

227. Assim fazem os "irmãos das trevas" — os assassinos de suas próprias almas, os temidos elementos do clã dos *Dad-Dugpa*.

Comentário: este versículo é importantíssimo para os que estão no caminho da evolução espiritual, pois uma série de forças, de tentações, de obstáculos, é colocada à sua frente pelos chamados *Dad-Dugpa*. Ou seja, as forças das trevas, que procuram de todo modo destruir as pessoas ou organizações estabelecidas para aliviar o pesado *karma* do mundo. Temos que estar atentos, já que é inevitável a presença desses seres indesejáveis no nosso caminho para a iluminação. A firme determinação de Siddharta Gautama, quando se encontrava debaixo da árvore de Bo, prestes a atingir a sua Iluminação, é muito citada mostrando a grande batalha que todos nós teremos de travar. E para isso temos de estar sempre 'atentos', porque essas forças do Mal utilizam-se de todos os artifícios para fazer valer a sua presença e impedir que os seres se libertem dos seus maléficos elos.

228. Será que sintonizaste todo o teu ser com a grande dor da humanidade, Ó candidato para a Luz?

Comentário: o mestre nos faz essa pergunta fundamental. E novamente a expressão sintonia é usada. Ela é a chave para a abertura da nossa vida espiritual. O nosso objetivo não é o de egoisticamente nos libertarmos dos sofrimentos do mundo, mas, sim, o de trabalharmos para aliviar o sofrimento da humanidade. Essa é a nossa cruz.

229. Conseguiste isso? ... Podes então entrar. Mas somente colocarás o teu pé na perigosa e temida senda do Sofrimento, depois que tenhas finalmente aprendido as armadilhas que estão a tua espera nessa senda.

Comentário: existem, portanto, condições que são exigidas pelo mestre antes que nos aventuremos nessa senda do sofrimento. Sem que as conheçamos perfeitamente, estaremos à mercê dos chamados magos negros mencionados no versículo 227 (os *Dad-Dugpas*). Eles têm de ser vencidos, antes que comecemos essa jornada para a Libertação.

230. Armado com a chave da caridade, do amor e da terna misericórdia, tu estarás seguro diante do portal de *dana*, a porta que está localizada na entrada da senda.

Comentário: é muito importante que, antes de nos arriscarmos na senda, tenhamos as qualidades mencionadas no versículo acima.

231. Observa, Ó feliz peregrino! O portal que tens diante de ti é alto e amplo e parece ser de fácil acesso. A estrada que vai até ele é reta, suave e verdejante. É como uma clareira ensolarada nas profundezas de uma escura floresta, um local na terra que espelha o paraíso de *Amitabha*. Lá os rouxinóis da **esperança** e os pássaros de radiante plumagem cantam empoleirados em verdes ramos, cantando o sucesso do peregrino que não tem medo. Eles cantam as virtudes dos *bodhisattvas* que são cinco, a quíntupla fonte do poder de *bodhi*, e os sete passos do Conhecimento.

Comentário: neste versículo há a citação de *Sukavati*, ou seja, do paraíso do Buda Amida que está a nossa disposição, apenas encoberto pela nossa congênita ignorância.

232. Passa! Pois tu trouxeste a chave correta. Tu estás seguro.

233. E, em direção ao segundo portal, o caminho também é verdejante. Mas é íngreme e vai dando curvas à medida que sobe para o seu topo rochoso. Neblina cinzenta está a sua volta nos elevados pináculos e rochosos trechos do caminho. E além, tudo é treva. À medida que prosseguimos, a canção de esperança soa cada vez mais fraca no coração do peregrino. O arrepio da dúvida está acima dele; e os seus passos tornam-se menos firmes.

Comentário: à medida que ascendemos, a escuridão intensifica-se ao nosso redor. As forças dos Irmãos das trevas são impiedosas. E cada vez menos ouvimos a canção da esperança. Mas é preciso perseverar.

234. Cuidado com isso, Ó candidato! Cuidado com o medo que se espalha, como as negras asas do morcego da meia-noite, entre o luar de tua alma e a grande meta que lá está, muito distante.

235. O medo, Ó discípulo, mata a vontade e paralisa toda a ação. Se lhe falta a virtude de *Shila* (harmonia em pensamentos, palavras e ações) — o peregrino tropeça, e as pedras *kármicas* ferem os seus pés na rochosa senda.

236. Mantém firme os teus pés, Ó candidato. Banha a tua alma na essência de *kshanti* (paz, paciência); pois agora irás aproximar-te do portal com aquele nome, o portão da força e da paciência.

237. Não feches os teus olhos, nem percas de vista o Dorje; pois as flechas de *Mara* sempre atingem e ferem o homem que não alcançou *viraga* (absoluta indiferença).
Comentário: o Dorje ou *vajra* é um instrumento de poder, de força; significa o raio. É com esse objeto que podemos, caso tenhamos a força necessária através dos *mudras* (gestos manuais) e dos *mantras* (palavras de força), neutralizar a influência das 'flechas' de *Mara* (o maléfico, o tentador que procura de todos os modos impedir que alcancemos a iluminação e nos tornemos realmente 'vivos', em vez dos mortos ambulantes que somos, com o nosso *karma* e diversos condicionamentos).

238. Cuidado, pois não deves temer. Sob a ação do sopro do medo a chave de *Kshanti* (da Paz) enferruja e recusa-se a destravar o segredo da fechadura.

239. Quanto mais avançares, tanto mais armadilhas os teus pés encontrarão. A senda que nos leva em frente é iluminada por um fogo — a luz da ousadia, que queima no nosso coração. Quanto mais ousarmos, mais obteremos. Quanto mais tivermos medo, mais a luz empalidecerá — e só ela poderá nos guiar. Pois, quanto mais o fugaz raio de luz brilha, mais a escura e trevosa sombra cairá de teu coração sobre a senda, e prenderá os teus pés no chão no local em que estás.

240. Tem cuidado, discípulo, desta sombra letal. Nenhuma luz que brilha vinda do espírito pode dissolver as trevas reinantes na nossa alma inferior, a não ser que todos os pensamentos egoístas tenham desaparecido em fuga, e que enfim, o peregrino diga:

> Eu renunciei a este fugaz corpo; e destruí a causa: as sombras não podem mais, como efeitos, perdurar. " Pois agora chegou o momento da

grande luta final, da guerra final entre o Ser inferior e o Ser Superior. Observa, esse campo de batalha, onde essa grande guerra está sendo travada, não mais existe.

241. Mas uma vez passado o portal de *kshanti* (paciência), deste o terceiro passo. O teu corpo é agora teu escravo. Agora, prepara-te para o quarto passo, o portal das tentações que agora aprisionam o homem interno.

Comentário: como já foi dito, temos dois eus. O eu inferior em torno do qual gira a nossa personalidade, que é transitório, condicionado, e o Eu Superior que é eterno. Nele mora o homem eterno.

242. Antes que possas estar próximo daquela meta, antes que tua mão possa levantar o quarto trinco da porta, tens que dominar todas as cargas mentais do teu Ser e assassinar o exército dos pensamentos e das sensações que, sutil e insidiosamente, vicejam sem serem chamados dentro do brilhante santuário da alma.

243. Se não queres ser morto por eles, então deves tornar inofensivas as tuas próprias criações, que são as filhas dos teus pensamentos, invisíveis, impalpáveis, que vicejam em volta da humanidade, que são os descendentes e herdeiros do homem e seus testemunhos terrestres. Terás que estudar o vazio que parece estar cheio, e a plenitude do aparente vazio. Ó indômito aspirante, olha profundamente dentro do poço do teu próprio coração e responde. Conhecerás por acaso o Ser dos poderes, Ó tu que percebes as sombras externas?

244. Se não o fizeres estarás perdido.

245. Pois no quarto portal da senda, a mais ligeira brisa da paixão ou do desejo irá fazer estremecer a luz fixa nas puras paredes brancas da tua alma. A menor onda nascida de um anseio ou saudade dos presentes de *maya*, que são ilusórios, ao longo de *antahkarana* — a senda que jaz entre o teu espírito e o teu ser, o caminho das sensações, os rudes estimuladores de *ahamkara* (da sensação de um eu) — um pensamento tão transitório como o relampejo de um raio, fará com que percas os três prêmios que conquistaste.

Comentário: neste versículo estão claramente citados os perigos que o desejo, a paixão, o anseio pelos presentes da ilusão (*maya*) podem provocar fazendo com que se perca tudo que duramente foi conquistado.

246. Saiba, que a Eternidade não conhece qualquer mudança.

247. **Esquece** para sempre as oito vis misérias. Se não o fizeres, certamente, não conseguirás chegar nem perto da libertação, disse o grande Senhor, o *tathagata* da perfeição (o Buda), que seguiu as pegadas dos seus predecessores.

Comentário: a tônica deste versículo é o esquecimento. Sem ele continuaremos a carregar eternamente as ações das quais nos envergonhamos. O que passou, passou para sempre, e não devemos relembrar. Temos que ser insensíveis ao passado. Não viver com as recordações boas ou más. Viver apenas. Simplesmente isso. Só assim um novo ser completamente diferente do anterior poderá nascer, poderá eclodir em nós como o botão de uma flor e expandir-se, ocupando os imensos espaços vazios de nossas vidas e que nos levam inevitavelmente ao *samsara*, à eterna repetição, continuando 'mortos' apesar de pensarmos que estamos 'vivos'. Estar vivo é a conquista de algo definitivo que porá fim ao sofrimento.

248. **Rigorosa** (severa) e **exata** é a virtude de *viraga* (indiferença, onde somente a verdade é vista). Se queres dominar a tua senda, **terás que manter** a tua mente e as tuas percepções **muito mais livres** antes que mates a ação.

Comentário:

1) ***Rigorosa***: a senda é como um "fio de navalha"; para que a trilhemos temos que ter rigor, determinação, audácia.
2) ***Exata***: outra virtude essencial que começa a ser treinada com a extrema pontualidade nos nossos deveres domésticos e sociais. Ser pontual é uma virtude que poucos possuem, que deve ser cultivada com toda a atenção.
3) ***Terás que manter***: algo que terá de ser cumprido com toda a atenção. Mais uma vez essa palavra: atenção, que é uma chave na nossa vida material e espiritual.
4) ***Muito mais livres***: refere-se à nossa mente-escrava da memória, do peso morto do passado que não voltará mais.

249. Tens que te **saturar** com a pura *Alaya* [a alma universal] e te tornar, por fim, **Uno** com a natureza da alma-pensamento.

Comentário:

1) ***Saturar***: ou seja, ficar profundamente entranhado, impregnado, preenchido. Todas essas palavras sinônimas servem para reforçar a palavra-chave em destaque. Esta é a leitura 'vertical' que tanto falamos.
2) ***Uno***: tornar-se Uno é vivenciar a impregnação. **Senti-la** na "carne", ou seja, no cerne do nosso Ser.

E o versículo acima continua:

...Quando isso ocorrer serás então **invencível**, mas, separado dela, te transformas no campo de brincadeiras de *Samvritti,* que é a origem de todas as ilusões no mundo.

Comentário: a última referência a esse "campo de brincadeiras" faz alusão a duas verdades que demonstram o caráter ilusório, ou vazio, de todas as coisas. Este é um campo de disputa entre as chamadas Escolas *Madhyamikas* e os chamados *Yogacharyas*. Os primeiros negam, enquanto os últimos afirmam que cada objeto existe devido a uma causa prévia ou, então, é o resultado de uma concatenação de causas e efeitos. Os *madhyamikas*, negando, são niilistas, pois consideram que tudo é ilusão, posição essa que os aproxima dos vedantinos da Índia. Já os *yogacharyas* são grandes espiritualistas.

250. Tudo é **impermanente** no homem exceto *Alaya* (alma universal) que é pura essência. O ser humano é o seu raio de cristal; por dentro o feixe de uma **imaculada luz**, e, por fora, uma forma material num estado inferior. Este feixe é o teu guia na vida e o teu verdadeiro **ser**, o observador e silencioso pensador, a vítima do teu ser inferior, mas que através do teu corpo **pecador** controla e **domina** a ambos. Contudo estarás salvo quando cruzares o próximo portal da **balança**.

Comentário:

1) ***Impermanente***: o que é chamado no Budismo de *Anicca*. Tudo no universo manifestado é impermanente. Está num processo contínuo de transformação, de "vir-a-ser". *Samsara*.
2) ***Imaculada Luz***: essa é a clara luz mencionada pela mística universal, que elimina todas as trevas e que em nós se manifesta quando tivermos purificado os nossos corpos grosseiros e sutilizado os nossos corpos superiores.
3) ***Pecador***: uma palavra pejada, carregada, de pensamentos dos mais diversos, que podem ser esclarecidos quando consideramos o chamado "pecado" como algo resultante do nosso *karma* em pensamento, palavra e ação. É esse corpo pecador que escraviza e **domina** o nosso verdadeiro Ser.
4) ***Balança***: que é também *viraga*, a indiferença ao prazer e ao sofrimento. Característica do quarto portal é esse equilíbrio simbolizado pela balança.

251. Espero que estejas **animado**, Ó ousado Peregrino que estás indo para a outra margem. Não te importes com os sussurros vindos da hoste de *Mara*. **Afasta** os tentadores, aqueles espíritos que tenham uma **má natureza**, os ciumentos ***Lhamayn***.

Comentário:

1) ***Animado***: cheio de entusiasmo, determinação, movido por uma força inabalável.
2) ***Afasta***: que fiquem para longe as tentações que poderão nos desviar do caminho e atrasar a nossa realização fundamental.
3) ***Má natureza***: tudo que poderá ser um obstáculo, um impedimento, um estorvo, que venha a contaminar os propósitos elevados do peregrino.

4) *Lhamayn*: os chamados elementais, que são como moscas irritantemente tentando desviar a atenção dos que estão profundamente interessados na sua Iluminação.

252. Mantém-te **firme**! Pois estás agora próximo do portal do meio (o quarto), que é o portal da **Angústia**, com os seus dez mil laços!

Comentário:

1) ***Firme***!: é importantíssima uma firmeza idêntica à de uma rocha. Inabalável diante de todas as adversidades, o que significa manter o rumo apesar das tempestades.
2) ***Angústia***: aqueles momentos mágicos e prenunciadores de uma grande transformação ontológica, quando todas as coisas parecem estar fora do lugar e nós parecemos perdidos numa "noite escura". É o grande momento da noite escura da alma como falava São João da Cruz, da *vairagya* dos indianos, onde ocorre o ponto de mutação, onde, da mais escura noite, começa a nascer a alvorada de um novo *ser*. Seguem-se, nos próximos versículos, conselhos de ordem prática.

253. Mantém **domínio** sobre os teus **pensamentos, ó lutador** pela perfeição, se cruzares o limiar deste portal.

Comentário:

1) ***Domínio***: controle, força extraordinária para manter uma posição.
2) ***Pensamentos, o lutador:*** os pensamentos descontrolados perturbam a nossa atenção e sem ela não há o necessário domínio.

254: Mantém domínio sobre a tua alma, Ó buscador de **verdades imortais,** se quiseres atingir a meta sonhada.

Comentário:

1) ***Verdades Imortais***: são essas verdades que constituem a Sabedoria Eterna, ou Divina, ou Teosofia, ou *Brahma Vydia,* como é chamada na Índia.

255. Que a tua alma se **fixe** no centro da **Pura Luz** que está livre da **afeição,** e use a chave de ouro.

Comentário:

1) ***Fixe***: mantenha-se firme apesar de todos os esforços. É como a âncora de um navio que o prende em todas as circunstâncias.
2) ***Pura Luz***: aí está o centro imóvel em torno do qual todas as coisas parecem girar.
3) ***Afeição***: neste centro não há afeições ilusórias que são produtos do eu inferior com suas atrações provenientes dos sentidos.

256. O teu **sombrio** trabalho foi feito, a tua tarefa **terminou**. O amplo **abismo** que ameaçava tragar-te foi quase transposto.

Comentário:

1) ***Sombrio***: escuro, impenetrável à luz; é o nosso inconsciente povoado de estranhos seres.
2) ***Terminou***: a noite impenetrável foi rompida, e do seu ventre nasceu a Luz.
3) ***Abismo***: algo aparentemente insondável para o conhecimento humano limitado aos seis sentidos.

257. Tu agora cruzaste o **fosso** que circunda o portal das paixões humanas. Agora, por fim, venceste *mara* e sua furiosa **hoste**.

Comentário:

1) ***Fosso***: um sério obstáculo à nossa frente, impedindo que avancemos. É esse obstáculo, como diz o texto, que está em volta das paixões.
2) ***Hoste***: multidão, exército, chusma, um enorme grupo que foi por fim, pela tua determinação, vencido, e agora o caminho está livre.

258. **Removeste** a poluição (*kleshas*) do teu coração e o sangraste do desejo impuro. Mas Ó tu, glorioso combatente, o teu trabalho ainda não terminou. Tens de construir um elevado **muro** que possa cercar a tua **Santa Ilha**. Uma barragem que protegerá a tua mente do orgulho e da satisfação por teres feito tão grande obra.

Comentário:

1) ***Removeste***: compete a cada um de nós limpar a sujeira advinda das impurezas (*kleshas*) que se acumularam sobre nós ao longo de sucessivas vidas.
2) ***Muro***: cada um de nós tem que construir com suas próprias mãos uma proteção para o que há de mais sagrado em nós.
3) ***Santa Ilha***: a "ilha" onde está localizado o nosso Eu Superior, o nosso *ser* pensante, o nosso espírito imortal.

259. Pois um sentimento de **orgulho** poderá frustrar o teu trabalho! Sim! Constrói tal barragem e que ela seja muito resistente, pois senão o feroz choque das **correntezas** que surgem e se chocam nas margens do grande oceano de *maya* irá engolir o peregrino e a ilha, e levará de roldão a **vitória** conseguida a tanto custo.

Comentário:

1) ***Orgulho***: é terrível o sentimento de orgulho que surge quando estamos começando a trilhar a senda da vida espiritual. Um orgulho de sermos superiores aos outros. E a idéia de que seremos "salvos" enquanto os outros continuarão mergulhados na ignorância.

2) *Correntezas*: são fortíssimas e muitas vezes não podemos nem devemos lutar contra elas sob pena de perdermos as forças para continuar em frente. Então temos que colocar em ação aquilo que no Taoísmo se chama de *wu-wei*. Ou seja, a inação na ação, ou o deixar ir quando a força é demasiada, dando tempo para que a força da correnteza diminua e possamos retomar o nosso curso anterior. Pois é melhor recuar sabiamente do que ser destruído.
3) *Vitória*: confia sempre pois, se existir em ti a determinação inabalável, o êxito é certo.

260. A tua **ilha** é a **gazela**, e os teus pensamentos os **cães perdigueiros** cansados que perseguem a **corrente** da vida. Triste é a gazela que foi **capturada** por tais cães que latiam ferozmente antes que o peregrino alcançasse o **Vale do Refúgio** que é atingido através da *Jnana-Marga*, a chamada "senda do puro conhecimento".

Comentário:
1) *Ilha*: um local protegido pelas águas. Isolado.
2) *Gazela*: essa ilha é como se fosse um animal caçado pelos cães que, por fim, encontrou abrigo seguro.
3) *Cães perdigueiros*: como diz claramente o texto, e é bom que meditemos nisso — são os incessantes pensamentos que, como ondas, assolam a nossa mente.
4) *Corrente*: a nossa vida é uma verdadeira correnteza revolta de pensamentos, palavras e ações que muitas vezes se chocam contra a nossa serena ilha tentando destruí-la.
5) *Capturada*: presa, imobilizada, destruída, e com isso todo o esforço desta vida é perdido.
6) *Vale do Refúgio*: uma imagem de que existe a nossa disposição um local onde estaremos seguros, a senda do puro conhecimento, ou *Jnana-Marga,* quando nossa ilha for tomada pelos cães. É esse conhecimento que está além das ilusões do nosso cotidiano que nos protege. Pois ele é o vale do refúgio onde os cães dos nossos exaltados pensamentos, que latem ferozmente, não poderão entrar.

261. Agora poderás **morar** em *Jnana-Marga* e dizer que ela é tua propriedade, pois tua alma terá que se tornar como uma manga madura. Macia e doce na sua polpa dourada para os outros e tão dura como o seu caroço para teus próprios sofrimentos e dores, Ó **vencedor** do bem e do mal.

Comentário:
1) *Morar*: estarás abrigado na senda do perfeito conhecimento, ou seja, de *Brahma Vydia*, como dizem na Índia. Mas diz a seguir, sob forma figurada, que a nossa alma — o que existe de mais sutil em nós — tem de se tornar tão

doce e macia como a polpa de uma manga madura. Porém o versículo adverte-nos que essa "alma" tem de ser "dura" como o caroço dessa fruta em relação aos sofrimentos ou às angústias que, necessariamente, acompanham os seres humanos, principalmente quando estamos começando a trilhar a senda da vida espiritual.

2) ***Vencedor***: é aquele que pela sua determinação e destemor consegue vencer todos os obstáculos que se antepõem ao desenvolvimento da vida espiritual, objetivo de todos os peregrinos, de todos aqueles que resolveram colocar um fim a uma vida cotidiana sem horizontes e profundamente banal.

262. **Fortifica** a tua alma contra os laços escravizadores do ser. Receberás por isso o nome de **Alma Diamante**.

Comentário:

1) ***Fortifica***: quer dizer, algo que fica 'rígido', inquebrantável é fundamental no desenvolvimento da nossa vida espiritual, pois os embates que advirão dessa nossa escolha para seguir o caminho direto, ao invés de ficar dando voltas e mais voltas, subindo e muitas vezes descendo, no processo do *samsara*, exigirão tal fortalecimento.

2) ***Alma Diamante***: no simbolismo de duas palavras irmanadas a indicação de algo tão valioso que resplandecerá quando o "carbono" existente em nós se cristalizar na pedra mais preciosa e dura, que corta e não é cortada.

263. Pois assim como o diamante quando está profundamente **enterrado** dentro do **pulsante** coração da terra não poderá nunca **espelhar** as luzes terrenas, assim são a tua mente e o teu corpo; ao estarem mergulhados em ***Jnana-Marga*** nada mais poderão espelhar do **ilusório** reino de *maya*.

Comentário:

1) ***Enterrado***: mergulhado, encoberto, distante.
2) ***Pulsante***: tudo vibra, pulsa, respira, pois a vida universal está presente em tudo.
3) ***Espelhar***: refletir sem distorções, tal como um perfeito espelho de cristal perfeitamente polido.
4) ***Jnana-Marga***: a senda do conhecimento, da sabedoria divina.
5) ***Ilusório***: algo que distorce, ilude e nos afasta do Real.

264. Quando tiveres alcançado aquele estado mencionado no versículo anterior, os portais que terás de conquistar na senda estarão **abertos** a fim de que possas passar por eles, e os **mais fortes poderes** não poderão impedir que sigas no teu curso. E serás então o **mestre** da sétupla senda. Mas até esse momento não estarás pronto para as provas da **efêmera linguagem**.

Comentário:

1) ***Abertos***: indicador de passagem livre.
2) ***Mais fortes poderes***: as poderosas forças que se antepõem à marcha do peregrino nada mais poderão fazer contra ele.
3) ***Mestre***: Senhor absoluto da senda que passa por sete portais.
4) ***Efêmera linguagem***: a linguagem comum sujeita ao dualismo e às distorções advindas da nossa limitação sensorial.

265. Antes disso uma tarefa ainda mais **dura** estará a tua espera. Pois terás que sentir em ti **todos** os pensamentos e, todavia, **exilar** a tua alma de todos eles.

Comentário:

1) ***Dura***: árdua, difícil, na verdade uma prova quase irrealizável.
2) ***Todos***: o alijar completo dos pensamentos que constantemente enxameiam nossa mente e que são rapidamente substituídos uns pelos outros.
3) ***Exilar***: afastar, pôr de lado todos esses pensamentos que teimam em ocupar o espaço da nossa mente.

266. Terás então de **alcançar** aquela **fixidez da mente** onde nenhum **sopro,** mesmo que forte, poderá colocar em ti um pensamento humano. Assim **purificado,** o **santuário** tem que estar vazio de toda ação, som ou luz terrena. Pois assim como a borboleta quando assolada pela geada cai sem vida no limiar do portal, assim todos os pensamentos terrenos caem mortos diante do **santuário. ATENTA PARA O QUE ESTÁ ESCRITO!**

Comentário:

1) ***Alcançar***: significa uma importante conquista para a vida espiritual como veremos a seguir.
2) ***Fixidez da Mente***: aquele ponto em que a mente deixa de ser um saltitante e irrequieto pássaro e pousa tranqüila num "galho" e não mais salta de um ponto para o outro.
3) ***Sopro***: nenhum hálito, nem respiração que possa perturbar a solidão.
4) ***Purificado***: desprovido de qualquer impureza.
5) ***Santuário***: local de uma pureza absoluta diante do qual caem mortos todos os pensamentos. A última frase, escrita em maiúsculas e com destaque, é um grito alertando para a plena atenção.

267. **A fim de que a chama dourada possa queimar com uma luz firme, a lâmpada tem de ficar bem protegida num local livre do vento** [um trecho do *Bhagavad Gita*]. Exposto a uma brisa mutável, a chama tremulará e provocará enganosas sombras negras, e sempre cambiantes no branco santuário da alma.

Comentário: o versículo é auto-explicativo pois a sublime passagem do *Gita* diz claramente tudo o que deve ser dito. Observem o perigo do tremeluzir da chama e os efeitos que causa em nosso santuário.

268. E então, Ó tu que persegues a verdade, a tua mente-alma tornar-se-á tão **louca** como um elefante ao irromper pelas selvas [a tudo destrói]. Pois na sua loucura pensa que as árvores da floresta são inimigos vivos. E acaba morrendo na vã tentativa de matar as sempre cambiantes sombras que parecem dançar nas paredes das rochas iluminadas pelo Sol.

Comentário: ***louca***: o versículo descreve a perda da razão de um elefante que vê, a sua volta, somente pseudo-inimigos e acaba morrendo de tanto esforço. Algo muito próprio como advertência ao peregrino, que na sua busca poderá enlouquecer vendo inimigos por toda parte.

269. **Cuidado**! pois ao esquecer o seu Ser Superior — o espírito imortal que está em ti — a tua mente poderá **perder** o adequado apoio no solo do conhecimento **dévico**.

Comentário:

1) ***Cuidado***!: novamente um sinal amarelo diante de nós, pois há perigo se não cumprirmos o que nos é recomendado.
2) ***Perder***: há o perigo de perdermos o equilíbrio, o apoio, caso não estejamos plenamente atentos.
3) ***Dévico***: o conhecimento dos espíritos da Natureza, os chamados devas, é indispensável pois eles nos ajudam quando solitariamente prosseguimos na nossa senda.

270. **Cuidado** para que tua alma, ao esquecer o ser, não **perca o controle** da tua mente e assim esqueças as devidas realizações das suas conquistas.

Comentário:

1) ***Cuidado*!**: novamente a advertência para que esqueçamos o nosso eu inferior — a nossa personalidade — contudo, nunca matá-la, pois ela é útil na nossa vida de relacionamento social.
2) ***Perca o controle***: não devemos nunca deixar que trema ou afrouxe o nosso controle mental e esqueçamos as conquistas.

271. **Cuidado** com a mudança! Pois ela é a tua grande inimiga. Pois te jogará para fora da senda que estavas trilhando com tanto esforço e, novamente, mergulharás nos **viscosos** pântanos da **dúvida**.

Comentário:

1) ***Cuidado***: pela terceira vez surge a palavra de advertência, sinal de que o terreno é perigoso.

2) *Viscosos*: pegajosos pântanos de onde dificilmente sairemos, se neles cairmos, porque quanto mais nos debatermos, mais afundaremos em sua lama.
3) *Dúvida*: indecisão, o dualismo da linguagem e dos seus paradoxos, que são verdadeiras "ratoeiras" que nos aprisionam, pois estamos condicionados a eles, a nossa chamada "educação". Temos de desaprender para sermos novamente livres.

272. **Prepara-te** e previne-te a tempo! Pois se tentaste e falhaste, Ó indomável lutador, não percas, entretanto, nunca a **coragem**! **Luta sempre** e volta sempre à carga! **Sempre e Sempre**!

Comentário:
1) *Prepara-te*: estejas sempre pronto, alerta, para o que vier diante de ti.
2) *Coragem*: ânimo aceso, sem medo pois, se o tiveres, a derrota é certa.
3) *Luta sempre*: em nenhum momento abaixa a guarda por mais que apanhes. Não te preocupes com isso. A cada golpe que receberes, retribui sua intensidade em dobro.
4) *Sempre e Sempre*: a todos os momentos sem descanso.

273. Ó **indômito** lutador, com o sangue escorrendo dos seus ferimentos, ainda assim **voltarás** a atacar o **inimigo, arrancando-o** da sua fortaleza, e vencendo-o, até que por fim ele morrerá.

Comentário:
1) *Indômito*: destemido, sem medo, audaz.
2) *Voltarás*: nunca recuar. Estar sempre pronto para a luta por maiores que sejam as dores que sintamos.
3) *Inimigo*: é o nosso pequeno eu que se julga dono de nós, senhor do castelo, enquanto é somente um humilde empregado, útil, quando devidamente treinado.
4) *Arrancando-o*: teremos que deslocar o inimigo de sua fortaleza — nosso eu inferior — e, uma vez fora dela, ele poderá ser vencido e morrerá. Ou seja, não mais terá a pretensão de ser o senhor da nossa casa e fazer o que bem entende sem prestar contas ao seu Senhor — o Eu Superior — que é eterno e mora no nosso "coração".

E o versículo 273 continua:

...E expulsa da fortaleza da tua alma todos os inimigos que são, respectivamente, o desejo, a cólera e a ignorância e até aquela simples sombra de desejo, mesmo quando falhares.

274. Relembra! Ó tu que lutas pela libertação do ser humano, pois cada fracasso é um sucesso, e cada sincera tentativa ganha, no devido tempo, a recom-

pensa! Os **Santos** germes que brotam e crescem, **sem serem vistos** na alma do **discípulo,** vão ganhando raízes e seus talos ficando mais firmes a cada nova tentativa, vergando-se como bambus, mas sem nunca se partir, nem jamais ser perdidos. Quando a hora chegar, eles irão **florescer** em ti.

Comentário:

1) ***Santos***: há algo de santificado dentro do aspirante à vida espiritual. Quando o discípulo enceta o seu caminho, aquilo que existe nele em potencial começa a desabrochar sob o estímulo de uma elevada consciência, que começa a emergir como o Sol depois de uma longa noite.
2) ***Sem serem vistos***: esse algo é invisível para a maioria das criaturas que nos cercam, mas o peregrino começa a senti-lo à medida que ele se manifesta.
3) ***Discípulo***: é no que todos que resolveram iniciar o caminho do discipulado se transformaram. E depois desse versículo vem uma pausa que é indicada por pontos — o que significa um tempo para meditar profundamente no que foi dito e preparar-se para o que virá a seguir.

275. Mas se já estás **preparado,** nada temas!

Comentário:

1) ***Preparado***: todos os detalhes preliminares foram preenchidos, e estás devidamente preparado; por isso não deves temer!

276. E então a tua senda está claramente aberta para ires até o portal de *Virya* — a determinação indômita — que é o quinto dos Sete Portais que terás de transpor. Estás agora na senda que te levará até o abrigo de ***dhyana***, o sexto portal de ***bodhi***.

Comentário:

1) ***Dhyana***: é a meditação constante onde nada mais perturba aquele que medita, pois nesse estágio a plena atenção foi construída e forma uma barreira intransponível aos pensamentos arredios.
2) ***Bodhi***: uma profunda interiorização que leva à sabedoria suprema.

277. O portal de *dhyana* é como um frágil frasco de alabastro, branco, translúcido, onde queima uma firme luz dourada, a chama de *prajna* que irradia de *atma*.

Comentário:

1) ***Prajna***: sabedoria transcendente. Algo que está muito acima do simples conhecimento.
2) ***Atma***: é o *ser* superior, o verdadeiro **Eu**, o espírito que está em nós desde que esta centelha do universo, que somos, saiu do seio do Pai-Mãe, de *Oyasama*, como se

diz no Japão, daquilo que é simultaneamente homem e mulher; ou na visão de Carl Jung, de *anima* e *animus*, ou do ponto de vista do *Tao*, *yang* e *yin*.

278. **Tu és este vaso**!

Comentário:

1) ***Tu és este vaso***! A identificação é total com o *Tat Tvan Asi* do antigo *Chandogya Upanishad* da Índia, que significa **Tu és Aquilo**! Isso demonstra a estreita relação entre o Budismo e o Hinduísmo do qual o Budismo floresceu no século VI a.C.

279. Tu te **desligaste**. Viajaste na "senda da **visão**" e na "senda da **audição**" e estás finalmente, agora, no estado de *titiksha*.

Comentário:

1) ***Desligaste***: o que não quer dizer que não poderás a qualquer momento "ligar" o teu aparelho.
2) ***Visão***: aprendeste a ver os que os olhos não vêem.
3) ***Audição***: aprendeste a ouvir o que os teus ouvidos não ouvem.
4) ***Titiksha***: é o estado em que, na *Raja Yoga*, é alcançada a indiferença suprema.

280. Ó *naljor* tu estás salvo!

Comentário: *Naljor* é o chamado homem-santo, o *sanyasin*.

281. Sabe, Ó conquistador dos pecados, que sempre que ***sowani*** cruza o sétimo portal, toda natureza vibra com um alegre esplendor e se sente pacificada. A estrela de prata tilinta as novidades para os entreabertos botões da noite, e o pequeno riacho faz ondinhas de encontro às pedras. Enquanto nos oceanos negras ondas rugirão estrondosamente ao se chocarem contra os penhascos, uma perfumada e doce brisa canta nos vales e nos altaneiros pinheiros que misteriosamente sussurram: Um **mestre surgiu**! O mestre do dia!

Comentário:

1) ***Sowani***: aquele que pratica *sowan*, ou seja, a primeira experiência em *dhyana*.
2) ***Mestre surgiu***: por fim eclodiu um ser quase perfeito que um dia será um *bodhisattva* ou um Buda. É um grande momento para toda raça humana, pois dele vem a inspiração para milhares de pessoas que resolveram deixar as suas vidas banais e enveredaram pela senda que os levará, um dia, à realização de suas potencialidades. É por isso que o versículo afirma que é o mestre do dia!

282. Ele agora é como um branco pilar no oeste, sobre cuja face o sol nascente de um eterno pensamento derrama-se em gloriosas ondas. A sua mente,

como um calmo e infindável oceano, derrama-se sobre o espaço sem margens. Ele mantém a vida e a morte na sua poderosa mão.

Comentário: daqui em diante, o texto de *A Voz do Silêncio* é poesia pura, algo que não se comenta, mas é sentido no interior de cada ser que está devidamente sutilizado graças ao trabalho interior que tivemos de fazer até chegar a este ponto.

283. Sim, ele é poderoso. O poder da vida é livre nele. Aquele poder que é Ele mesmo pode agora observar e elevar o tabernáculo muito acima dos deuses. Acima mesmo dos grandes *Brahman* e *Indra*! Agora, certamente, ele atingirá a sua grande recompensa.

284. Será que ele não irá usar os dons que Aquilo lhe conferiu para seu próprio repouso e glória? A ele que subjugou por fim a **grande ilusão**?

Comentário:

1) ***Grande ilusão***: é o mundo dos sentidos, de *maya*, da memória, do espaço e do tempo que tem de ser transcendido por aqueles que se aventuram pelos sete portais que levam à iluminação. Os sentidos devem ser postos de lado e somente utilizados na vida de relação, no dia-a-dia, a que esses seres estão submetidos, quando voltam à realidade anterior onde têm de viver até que o seu *karma* seja completamente extinto. Esses peregrinos são seres completamente diferentes da maioria, pois possuem uma nova dimensão espiritual que nunca os abandona.

285. Não! Ó tu que és ainda um candidato ao conhecimento oculto da Natureza! Se alguém for seguir os passos do santo *tathagata*, esses poderes e dons não são feitos para o **ser** minúsculo.

Comentário:

1) ***Tathagata***: o ser perfeito, o Buda.
2) ***Ser***: o ser minúsculo é a personalidade o "euzinho" que se julga ser o dono da "casa". E que comanda as suas vidas.

286. Poderás barrar as águas nascidas no **Sumeru**? Será que irás mudar o seu curso para o teu próprio uso, ou as mandarás de volta a sua fonte, seguindo a crista dos ciclos?

Comentário:

1) ***Sumeru***: aqui o texto está referindo-se ao monte Meru, a sagrada montanha dos espíritos da Natureza, os devas. Na expressão as "águas" está subentendida a influência advinda desses devas que auxiliam os seres humanos na sua senda.

287. Se tu entraste naquela "correnteza do conhecimento", duramente conquistado da sabedoria, permanece nas doces águas correntes, e não permitas que elas se tornem um pequeno lago estagnado.

288. Sabe, que se te tornares um trabalhador ativo de ***Amitabha***, a "*ilimitada idade*", tu serás um co-trabalhador, um cooperador e, então, tu poderás, como os ***bodhisattvas*** em plena ação, emitir luz sobre os **três mundos**.

Comentário:

1) ***Amitabha***: *Amida, Amitayus* são nomes dados à vida eterna e a luz infinita ou a ilimitada idade como o *sutra* menciona.
2) ***Bodhisattvas***: seres que estão no limiar da condição de Buda e que têm como missão auxiliar todos os que buscam, seguindo as suas sendas, atingir a perfeição.
3) ***Três Mundos***: refere-se aqui ao plano terrestre, ao astral e ao espiritual.

289. Sabe que por fim venceste a correnteza do conhecimento super-humano, bem como a sabedoria dos devas, e deves, por ti mesmo, derramar o canal de ***Alaya*** em outro leito.

Comentário:

1) ***Alaya***: é a alma universal onde estamos mergulhados e temos nosso **ser**.

290. Sabe, Ó *naljor*, Ó tu que estás na **senda secreta**, que as suas puras frescas águas têm de ser usadas para adoçar o oceano de amargas ondas — daquele poderoso mar de sofrimentos que foi formado pelas lágrimas dos homens.

Comentário:

1) ***Senda secreta***: significa a senda "oculta" que cada um tem dentro de si; passam vidas e mortes sucessivas, sem que sonhemos que ela exista. Quando a encontramos, começa a grande mudança (metanóia), uma mudança radical da nossa existência, que pode ser comparada a uma verdadeira "explosão" interior.

291. Aí está! Quando te tornares como uma fixa estrela no mais alto do céu, terás de brilhar para todos os seres, salvo para ti mesmo. **Dá** a luz a todos e não a tires de ninguém!

Comentário:

1) ***Dá***: o supremo ato da caridade sem endereço. Compaixão como a do Sol, que brilha para que todos os seres recebam dele a vida e a inspiração!

292. Aí está! Quando houveres ficado puro como a **neve** nos vales das montanhas; fria, mas que não sentes com o tato e, ao mesmo tempo quente, ao proteger a semente que dorme profundamente no seu seio. E é agora que essa neve

tem de receber o mordente frio das rajadas do vento do norte, para proteger a terra dos dentes aguçados e cruéis e com isso promete uma colheita abundante que alimentará os que têm fome.

Comentário:

1) ***Neve***: que apesar de ser fria é como um terno cobertor para a terra, protegendo as sementes que lá estão e que irão saciar a fome de milhões de seres.

293. Destinado a viver através dos futuros ***kalpas***, sem o agradecimento dos homens, pois não é percebido por eles, serás amontoado como uma **pedra** junto a incontáveis outras pedras que formam a "parede protetora"; esse é o teu futuro se passares o sétimo portal. Construída pelas mãos de muitos **Mestres da Compaixão**, erigida pelas suas torturas, e cimentada pelos seus sangues, ela **protege** a humanidade, desde que o homem é homem, de maiores misérias e sofrimentos.

Comentário:

1) ***Kalpas***: ciclos de idades.
2) ***Pedra***: é o que cada um irá ser um dia, quando tiver despertado a consciência da vida espiritual e compreender que esta nossa "vidinha" é apenas uma pequena experiência daquela verdadeira vida que descobriremos um dia.
3) ***Mestres da Compaixão***: são como verdadeiros faróis na vida espiritual, que sinalizam os perigos e nos inspiram para que continuemos na senda, apesar, muitas vezes, dos desânimos a que estamos sujeitos nessa viagem.
4) ***Protege***: defende a todos os seres humanos da miséria e do sofrimento desde que se deu, há cerca de um milhão de anos, a humanização do primeiro ser que ascendeu do reino animal, alcançando, por fim, o estágio humano.

294. Os homens **distraídos** não a vêem, nem ouvirão a palavra da sabedoria, pois não a conhecem.

Comentário:

1) ***Distraídos***: completamente desligados da verdadeira realidade, e vivendo num mundo só seu, de faz-de-conta, não poderão, enquanto estiverem nesse estado, ouvir a palavra da sabedoria.

295. Mas tu que a **ouviste** e agora conheces tudo, Ó alma ansiosa e sem culpa ... tu tens enfim de **escolher**. Então volta a ouvir novamente!

Comentário:

1) ***Ouviste***: aquele que percebeu a verdadeira realidade é quem realmente ouviu.
2) ***Escolher***: esse é o grande momento da escolha que nos é oferecido. Continuar no nosso pequenino mundo ou nos abrirmos para o grande mundo, onde vivemos sem perceber.

296. Na senda do ***sowan***, Ó *Srotapatti*, estás seguro. Sim, naquela senda, o cansado peregrino só encontra trevas, onde espinhos tiram o sangue das mãos do fatigado peregrino e os seus pés são lacerados pelas aguçadas pedras, e é sim lá que está a **recompensa** à tua espera, imediatamente **além**!

Comentário:

1) ***Sowan***: é a primeira senda daquele que entrou por fim na correnteza que poderá levá-lo à libertação.
2) ***Recompensa***: é o prêmio que recebem: a paz infinita que sentem quando alcançam a ansiada meta.
3) ***Além***: palavra-símbolo do que está além, devido as nossas deficiências, mas que sempre esteve presente em nós desde todo o sempre. Quando esse além se torna uma realidade viva, uma vivência, nossa vida mudará completamente, pois passaremos a viver no Eterno.

297. **Calmo** e imóvel, o peregrino agora desliza na correnteza que o levará até o *nirvana*. Ele então sabe que, por mais que os seus pés **sangrem**, esse sangue será completamente lavado. Ele sabe, muito bem, que, após sete rápidas encarnações, o *nirvana* será seu!

Comentário:

1) ***Calmo***: sereno, controlado, o peregrino desliza acima dos pensamentos descontrolados que pretendem desviar a nossa plena atenção.
2) ***Sangrem***: como resultado dos embates com as dificuldades no áspero caminho que, entretanto, não é eterno.

298. Esta é a senda de ***dhyana*** onde está o **porto** que recebe o iogue. A abençoada meta que está a espera dos *srotapattis* e que eles tanto anseiam.

Comentário:

1) ***Dhyana***: a abençoada meditação onde a plena atenção está inteiramente manifestada, onde há um constante fluir de uma paz que ultrapassa o entendimento humano.
2) ***Porto***: palavra-símbolo de um abrigo onde termina o sofrimento de navegar de encontro a temerosas ondas que tentam de todas as maneiras desviar-nos da nossa meta suprema.

299. Mas isso não ocorre a não ser que ele tenha cruzado a senda do *arhat*.

300. Lá, na senda do *arhat*, os *kleshas* são destruídos para sempre. As raízes de ***tanha*** foram definitivamente arrancadas... Mas permanece aqui, Ó discípulo ... Resta ainda uma pergunta. Poderás destruir *karuna* que não é um simples atributo, pois é a Lei das leis, a eterna harmonia do Ser em *Alaya*; uma essência

universal além de qualquer margem, a Luz da perene **correção** ou seja, a Luz do Amor Eterno!

Comentário:

1) ***Arhat***: o homem perfeito.
2) ***Kleshas***: as impurezas que acumulamos no curso de nossas vidas.
3) ***Tanha***: aquela vontade de viver que causa o renascimento periódico.
4) ***Alaya***: a alma universal que nos embebe.
5) ***Correção***: o *dharma*, a lei suprema, a retidão, a nossa vocação, uma linha de menor resistência.

301. Quanto mais te tornares uno com Ela, o ser fundido no ser, mais a alma se une com **aquilo que é**, e irás te tornar a Compaixão Absoluta.

Comentário:

1) ***Aquilo que é***: está, sem dúvida, referindo-se ao Eu Superior, ao *atman*, ao espírito. A fusão da alma (personalidade) com o espírito (identidade) resulta, como diz o versículo, na compaixão (*karuna*) absoluta.

302. Esta é a senda ***arya***, a senda da perfeição dos **Budas**.

Comentário:

1) ***Arya***: refere-se à raça ariana que ocupava a Ásia Central e era considerada como sendo de uma elevada evolução espiritual e que devido a movimentos tectônicos da terra, emigrou para o Sul, para a Índia, miscigenando-se com a raça dravídica que lá habitava. E dessa mistura iriam surgir mais tarde as diversas escolas filosóficas indianas e suas grandes religiões.
2) ***Budas***: devem estar lembrados que foi Siddharta Gautama, o Buda do nosso ciclo histórico, que disse: "os Budas são tantos quantos os grãos de areia do rio Ganges". Ou seja, numa visão antecipada da infinidade de galáxias que existem no universo com seus sistemas e planetas, e onde se dá a evolução. Segundo o conceituado erudito Professor Hisao Inagaki, monge budista da escola Jodo Shinshu, o primeiro Buda, mencionado por Siddharta, foi Dipankara que teria vivido há um milhão de anos, quando um cambaleante antropóide se humanizou. Depois dele, houve uma sucessão de Budas na Terra, até que surgiu o Buda de número 52, chamado Lokesvararaja e, a seguir, o Buda Amida. Nessa série o Buda Siddharta Gautama é o Buda de número 72, e após ele surgirá o Buda Maitreya e outros que o sucederão nos futuros *kalpas* (ciclos).

303. Presta Atenção ao significado dos sagrados rolos que fazem com que digas:

304. ...***Om***! Eu creio que não são todos os *arhats* que entram na senda nirvânica da doce fruição.

305. *Om*! Eu creio que nem todos os Budas entram no *nirvana dharma*.

Comentário: condensando num só esses dois últimos versículos, fica claro que nem todos os Budas nem todos os *arhats* entrarão no doce *nirvana*. Daqui vai surgir, a seguir, a extraordinária figura dos *bodhisattvas*, daqueles que se sacrificam para que todos os seres possam, um dia, entrar na senda nirvânica. E isso está claramente dito no versículo seguinte.

306. Sim, na senda *arya* tu não és mais um *Srotapatti*, pois és um *bodhisattva*. A correnteza por fim foi cruzada! É certo que agora tens o direito às vestes de ***dharmakaya***. Mas o ***sambhogakaya*** é maior do que o anterior estágio do ***nirmanakaya*** do Buda da compaixão.

Comentário: vejamos os degraus de ascensão de um Buda com os seus três corpos mencionados:

1) *Nirmanakaya*: é a forma etérea que alguém assume quando deixa o corpo físico e aparece então no seu corpo astral, tendo dentro de si todo o conhecimento possuído por um adepto.
2) ***Sambhogakaya***: É o mesmo, mas com algo adicional, que alguém que possui agora todas as "três perfeições" e que esquecerá todas as preocupações terrenas.
3) ***Dharmakaya***: é o corpo de um Buda completo, quer dizer, não é mais um corpo no sentido que damos a tal palavra, mas um sopro (*breath,* em inglês) ideal. Uma consciência que está fundida com a consciência universal, ou seja, uma alma desprovida de qualquer atributo. Uma vez alcançada a posição de um Adepto ou de um Buda, fica para trás qualquer possível relação com algo, ou qualquer pensamento desta terra. A fim de ser adaptado para auxiliar constantemente a humanidade, um Adepto que chegou a conquistar o direito ao *nirvana*, "renuncia a tal corpo de *dharmakaya*", renuncia ao seu corpo de *sambhogakaya* e permanece no seu corpo de *nirmanakaya*. A escola esotérica tibetana ensina que Gautama Buda, junto com os seus *arhats,* é tal *nirmanakaya*, mais elevado do que qualquer ser conhecido. Isso se deve ao fato de ele ter renunciado e estar constantemente se sacrificando para ajudar toda a humanidade.

307. Agora curva a tua cabeça e ouve bem, Ó *bodhisattva,* pois a compaixão fala — Poderá haver paz quando todas as vidas têm que sofrer constantemente? Será que tu serás salvo enquanto ouves todo o mundo a tua volta chorar?

308. **Agora**, tu acabaste de ouvir o que tinha de ser dito.

Comentário:

1) ***Agora***: ou seja, neste momento, o que foi dito foi dito. Vê se entendes!

309. Tu alcançarás então o sétimo degrau e cruzarás o portal que leva ao conhecimento final, e se fores um *tathagata* (um Buda) segue os passos dos teus predecessores e permanece desapegado até o final.

310. Tu és por fim iluminado — escolhe pois o teu caminho.

311. Observa, agora, a suave Luz que inunda o céu oriental. Em sinais de louvor, ambos, o céu e a terra se unem. E vindo dos quádruplos poderes manifestados nasce um canto de amor, vindo do flamejante fogo, da fluente água, da doçura do cheiro da terra e do ruído do vento.

Comentário: aí estão, nesse poema, os quatro elementos da natureza unidos num só cântico.

312. **Ouve**! ...dos profundos e insondáveis abismos daquela luz dourada em que se banha o **Vitorioso**, surgem todas as inarticuladas vozes, aos milhares, para proclamar.

Comentário:

1) ***Ouve***!: Presta toda atenção para poderes realmente escutar.
2) ***Vitorioso***: é qualquer um dos peregrinos, qualquer um de nós que esteja trilhando a senda.

313. A Alegria está em vós! Ó homens de **Myalba**.

Comentário:

1) ***Myalba***: é a terra onde vivemos, que pode ser considerada como sendo, para muitos, o verdadeiro inferno.

314. Um peregrino retornou a outra margem!

315. Um novo *arhat* nasceu!

316. Paz a todos os seres!!!

6

A Mística no Taoísmo

Tao: palavra hermética, intraduzível, que alguns, aventurando-se a romper os seus véus, denominaram Lei, Norma, Religião, Dever. *Tao* é tudo isso e muito mais. É o curso dos astros nos céus, o correr dos rios na terra, o cantar dos pássaros, o cair da tarde, o último suspiro. Para mim, a melhor imagem é a do caminho perfeito, a linha de menor resistência entre dois pontos e a que se vê quando a chuva cai na montanha e as gotas d'água vão à procura do vale, seguindo a linha de menor esforço. *Tao* é o percurso do raio entre duas nuvens carregadas de eletricidade que se aproximam até que salte a centelha em busca de equilíbrio. O raio é tortuoso, inesperado, pois o seu itinerário reflete sempre a sabedoria de uma linha de menor resistência, que é função da configuração do momento. A física relativista de Einstein, com suas comprovações do efeito do campo gravitacional das estrelas nos raios de luz, é uma prova viva do *Tao,* formulada em modernos termos de matemática. Há, portanto, uma lei, o *Tao*, que se expressa de várias formas e de um modo perfeitamente natural. Poderíamos dizer que o *Tao* é a verdadeira linguagem da natureza.

A respeito do fundador do Taoísmo, o filósofo Lao-Tsé, pouco se poderá dizer, pois, ao que tudo indica, trata-se para alguns de um personagem mitológico que viveu no século VI a.C. Em alguns trechos surge a figura de um homem estranho, exótico, que não gostava de honrarias; uma verdadeira antítese de Confúcio. Nunca passou de um obscuro funcionário público que, ao fim da vida, desapareceu na fronteira do oeste em direção à Ásia Central onde, segundo as tradições, continua vivendo, já que é imortal.

Esta visão, com mais detalhes, bem como dos textos que se seguirão, poderá ser encontrada no livro *Caminho Perfeito*, primeiramente editado pela Civilização Brasileira e agora pela Pensamento. (Vide Bibliografia)

O lado místico de Lao-Tsé é facilmente constatado nos versículos esparsos que se seguem, onde se percebe aquela intuição criativa que caracteriza o verdadeiro místico. Aquele 'mergulho' na realidade transcendente onde vivemos sem que o percebamos pois somos profundamente 'cegos' às suas abissais dimensões de consciência. Lao-Tsé possui — pois está vivo ainda para muitos — aquela consciência cósmica revelada aos eleitos dos deuses.

Comecemos com o Livro I, versículo 1, quando ele afirma o seguinte:

O caminho que pode ser **seguido**
não é o **caminho perfeito**.
O nome que pode ser dito
não é o **Nome Eterno**.

Comentário: vamos jogar luz nas palavras-chave que podem abrir o texto. Comecemos com a palavra **seguido**. Aqui há uma clara indicação de que somente podemos seguir, evoluir, continuar sem esforço, quando descobrimos a nossa 'vocação': a nossa **senda** que é uma palavra muito usada na vida espiritual. Cada um de nós, ou melhor, cada ser humano ou não, visível ou não, a possui. E a senda individual é diferente de todas as demais, pois é como o DNA de uma pessoa, como a ficha datiloscópica que a faz única e nunca mais repetida na natureza que nos cerca. Quando a encontramos, o **caminho perfeito** foi encontrado. E tudo será fácil.

Já o **Nome Eterno** é algo que só poderá ser ouvido por alguém que possua um ouvido cósmico. É o chamado nome natural das velhas tradições tântricas do Oriente. E tal concepção, que poderá ser estranha a muitos, é facilmente explicável pela moderna ciência que agora aceita o que os antigos já diziam há milênios: o fato de que tudo, do microcosmo ao macrocosmo, que pode ser identificado é a concentração de energia no espaço e no tempo. E sendo assim é algo que tem vida, que vibra e que é, portanto, uma 'presença' viva, quer seja um micróbio, um homem, uma planta, um animal ou uma estrela.

Continuemos na análise desse versículo, que é riquíssimo como todos os outros de Lao-Tsé:

No princípio está o que **não tem nome**
o que **tem nome** é a Mãe de todas as coisas.
Para que possamos **observar** os seus **segredos**
devemos permanecer **sem desejos**.

Comentário: o que **não tem nome** é, portanto, o Inominável, ou seja, o que os hindus chamam de *Tat*, Aquilo, ou o Deus Imanifestado dos cristãos. Já o que **tem nome**, o nominável, Deus manifestado é, digamos como os budistas japoneses, *Oyasama*, Pai-Mãe de todas as coisas. Mas para **observarmos** os seus **segredos**, para penetrarmos na sua essência oculta, temos que ter a mente limpa de todos os conceitos acumulados em relação às coisas. Para isso é fundamental permanecer **sem desejos**, pois cada desejo gera uma tensão, uma expectativa de algo, e aquele estado de abertura total diante do que É fica completamente toldado pela nossa mente. Continua Lao-Tsé:

Mas se em nós mora o desejo
a única coisa que podemos contemplar é a sua forma externa,
A **casca** que **oculta** a essência.

Comentário: está aqui perfeitamente claro que a presença de um desejo e de idéias preconcebidas gravadas na nossa memória, que nos condenaram a ser o que somos, é uma verdadeira **casca** que **oculta** completamente o âmago da realidade. E deforma completamente o real no sentido que o texto *A Voz do Silêncio* afirma no seu primeiro fragmento: "A mente é a grande assassina do Real". Terminando o versículo, temos:

Esses dois estados existem para sempre **inseparáveis**
Diferentes unicamente em nome.
Conjuntamente idênticos, unidos, integrados.
São os chamados Mistérios!
Mistério além dos mistérios
O **Portal** que conduz a tudo aquilo que é sutil e maravilhoso
ao recôndito segredo de **todas** as essências!

Comentário: neste trecho temos a "morte" de alguma coisa que nos acompanha como uma sombra e que destrói completamente a nossa percepção da verdadeira realidade. Refiro-me ao dualismo que teima em dividir em dois o que é um em sua natureza última. Nunca mais existirão o bem e o mal, o bom e o mau, o alto e o baixo, positivo e negativo, e assim até o infinito. Pois há uma interligação entre os opostos que o fazem uma unidade apenas válida para uma referência, mas nunca como algo definitivo. Costumo desarmar auditórios quando falo de uma maneira que a muitos pode parecer cínica e sem piedade: consideramos uma pessoa infectada pela tuberculose, que sofre terrivelmente com a doença, uma verdadeira mártir. Portanto a tuberculose é alguma coisa muito má que deve ser eliminada a tudo custo. Mas, se nos colocarmos do ponto de vista dos bacilos de Koch, vemos que é algo muito bom, que permite a sua multiplicação e 'saúde'. Tudo na natureza tem esse aspecto dual; contudo os místicos tocados pela luz da Eternidade possuem uma visão completamente diferente dessa pseudo realidade.

Voltando ao livro já mencionado, terminamos com as seguintes considerações este extraordinário versículo:

..."Para o *Tao Te Ching* essa duas coisas existem para sempre interligadas: a casca e a essência". É um fato. Ao observar o homem — ou qualquer coisa — não podemos deixar de lado o interno, o lado oculto, sob pena de transformarmos as relações humanas em algo puramente externo. Esse é o mistério. Aquilo que aqui é chamado de **Portal**. Cada coisa é, portanto, como um portão escancarado diante de nós. Todas elas nos levarão à essência primordial. Ao *Tao*. Vamos agora ao versículo 4 onde Lao-Tsé afirma:

O caminho é **vazio e inesgotável**
profundo como um abismo.
É como se fosse o **ancestral** das dez mil criaturas.
Suavizai o corte
Desfazei os nós
Diminuí o brilho.
Deixai que as rodas percorram os **velhos sulcos**.
Devemos considerar nosso brilho
a fim de que nos harmonizemos com a escuridão
dos outros. Como é **puro e tranqüilo** o caminho!
Não sei de quem possa ser filho
pois parece ser anterior ao Soberano do céu.

Comentário: as palavras-chave começam com a identificação do caminho, a senda que nos levará algum dia à perfeição e ao **vazio inesgotável**. Neste vazio e na sua inesgotabilidade está a origem de tudo. E tudo isso está dentro de nós apesar de que a grande maioria ignora tal fato e vive vidas completamente voltadas para fora e para a forma. Quando conseguirmos entrar em contato com essa inesgotável fonte, encontraremos em nós a presença eterna do *Tao*; a lei cósmica que rege todas as coisas. Então viverá em cada ser que perceber isso o **ancestral**, ou seja, a origem do que é figurativamente dito: das dez mil criaturas.

Passemos agora às três palavras-chave que se repetem alternadamente: **Suavizai, Desfazei e Diminuí**. Elas significam três ações que devemos fazer se quisermos entrar em harmonia com o *Tao*, com a suprema Lei cósmica. **Suavizai** o corte significa deixarmos de lado o nosso cortante intelecto com os seus prontos julgamentos que, por serem prontos, não se preocupam com os outros e não vão às raízes das coisas. **Desfazei** os nós é tentar eliminar os nós em que estamos enredados e que nos privam da liberdade de ser nós mesmos. Os nós são os julgamentos fáceis, os prévios julgamentos que fazemos dos outros e das situações com as quais nos defrontamos na vida. Algo de natureza automática, condicionada e que não reflete a realidade na sua essência última. Quando Lao-Tsé aconselha-nos a diminuir o brilho, está sabiamente controlando a vontade que temos de sobressair, de conquistar posições a qualquer custo, sem preocupar-nos com os outros que terão de submeter-se aos nossos desejos. Nada é pior no homem do que o falso brilho de um intelecto completamente afastado do Real. Ele passa a viver num mundo de ilusões onde o que prevalece é a lei do mais forte, a lei da selva.

Vamos agora a uma análise da expressão **velhos sulcos** que simboliza o fato de que assim como uma carroça tem mais facilidade de se deslocar no terreno quando percorre os sulcos de outras rodas que por ela passaram, o mesmo ocorre conosco. Esses "velhos sulcos" estão em nós representados pela vocação que cada um de nós possui de seguir uma aspiração. Quando isso ocorre, o caminho torna-se **puro e tranqüilo**. Nada é melhor para nós do que seguirmos a nossa própria vocação. Pais e educadores devem estimular a vocação dos seus filhos ou dos seus alunos, uma vez manifestada. Nunca barrem o que está latente como uma autêntica vocação!

No versículo seguinte, de número 5, Lao-Tsé apresenta-nos aquilo que denominamos como "O uso do Vazio":

O Céu e a Terra não são humanos.
Não têm qualquer piedade.
Para eles milhares de criaturas são como os "cães de palha"
que serão destruídos no sacrifício.
O sábio não tem predileções
é impiedoso ao tratar as pessoas como cães de palha
Não será o espaço entre o céu e a terra como um
gigantesco fole? Esvazia-se sem exaurir-se, inesgotável.
Quanto mais trabalha, mais alento produz.
Muitas palavras se esgotam sem cessar
e conduzem inevitavelmente ao silêncio.
Aferrando-nos ao vazio protegemos o nosso ser interior
e o mantemos livre.

Comentário: uma visão direta sobre o que se passa ao nosso redor, "no Céu e na Terra", como diz o texto, demonstra, para aqueles que estão acordados, a total falta de piedade em relação aos acontecimentos. A idéia de que Deus modifica a ordem dos acontecimentos para atender às súplicas dos homens é de um primarismo contundente. As criaturas são os "cães de palha" que eram utilizados nos sacrifícios antigos e eram destroçados impiedosamente. O conceito de piedade humana não tem qualquer validade num plano universal. A verdade é o *Tao*, que ama os seus filhos e se expressa, ou através deles procura expressar-se, sem qualquer preferência. O homem, o cão ou uma árvore têm tanta importância para o Absoluto quanto o mais poderoso rei da Terra. Para que possamos compreender o *Tao*, devemos esvaziar as coisas do conteúdo emotivo com que as impregnamos e devemos vê-las como realmente são em seu vazio.

É o uso desse vazio que permite que o espaço nunca seja exaurido. A idéia de um fole é o símbolo de algo que quanto mais trabalha, mais produz. Podemos envolver nossas vidas, como o faz a maioria das pessoas, num oceano de palavras. Mas sempre chega um momento no qual as palavras cessam e surge o silêncio. É neste silêncio que poderemos compreender o *Tao*. Todos nós possuímos um eu interior de limites não muito definidos, que é a verdadeira raiz do nosso ser. A única forma de nos mantermos livres é agarrando-nos ao vazio que está presente diante de nós em cada fato que ocorre. Na vida de hoje, quando a tecnologia nos conduz a uma pura repetição de tarefas, a uma compartimentação sob todos os aspectos, a uma automação cada vez mais sensível, a liberdade está onde sempre esteve, no mundo interior. No vazio inesgotável.

No versículo 12, Lao-Tsé afirma:

As cinco cores **cegam** os olhos humanos
As cinco notas **ensurdecem** os ouvidos
Os cinco gostos **injuriam** o paladar
As corridas e as caçadas desencadeiam no coração
paixões furiosas e selvagens.
Os bens de difícil obtenção causam ferimentos
diante de perigosos obstáculos.
Por esse motivo o sábio ocupa-se do **interior** e não
da exterioridade dos sentidos.
Ele rejeita o superficial e prefere mergulhar no profundo.

Comentário: alguns dos que comentaram este versículo levantam a hipótese que na época de Lao-Tsé (ao redor do século VI a.C.), os homens possuíssem cinco percepções ao invés das sete atuais. As palavras em destaque **cegam, ensurdecem e injuriam,** mostram os efeitos adversos que sofremos quando nos deixamos arrastar pelos nossos sentidos que estão voltados para o exterior. O sábio incentiva um mergulho no 'interior' e no 'profundo' e ao mesmo tempo chama atenção das coisas que nos arrebatam em furiosas e selvagens paixões.

No versículo 13, Lao-Tsé mergulha nos problemas criados pela noção do 'eu', do 'meu' e de tudo que é gerado pelo egoísmo:

O sucesso e a desgraça são sempre acompanhadas pelo
medo. As honrarias e tribulações podem ser consideradas
como condições pessoais da mesma espécie.
Por que afirmar que o sucesso e a desgraça são seguidos pelo medo?
A desgraça é estar numa posição inferior depois de sentir
o gosto da vitória.
Quando obtemos o sucesso, vêm-nos o medo de
perdê-lo e então tememos maiores calamidades.
Este é o sentido da afirmação de que o sucesso
e a desgraça são acompanhados pelo medo

E o que significa a afirmação de que as honrarias
e tribulações são condições pessoais da mesma espécie?
O que me torna passível de sofrer grandes calamidades
é possuir um corpo que considero meu.
Se não possuísse tal corpo, que infelicidade poderia atingir-me?
Eis a razão por que aquele para o qual o império é tão precioso
como sua própria pessoa pode conquistá-lo
E quem o ama tanto como a si mesmo pode ser digno
de sua direção suprema.

Comentário: o medo está por trás do Ego. É ele a causa de todos os nossos sofrimentos. Gravitamos em torno dele esquecendo que no universo o *Tao* é a lei suprema que não distingue entre os seres humanos e todos os outros seres visíveis e invisíveis que nos rodeiam e que são tão importantes quanto nós. Temos que nos conscientizar desse fato e tentar ver as coisas como são, sem qualquer referência especial a esse ser profundamente ignorante que é o homem, que se julga o centro da criação. Esta é uma deformação nascida do culto hedonista do corpo humano, com seus deuses antropomórficos e seu culto ao prazer a qualquer custo. Devemos reconhecer que é difícil essa visão taoísta da realidade, pois ficamos condicionados, durante sucessivas vidas, à idéia de que o ser humano é o centro de tudo, reminiscência da visão de Ptolomeu que considerava, na época do antigo Egito, a Terra como o centro do universo, teoria completamente abolida pela evolução da ciência e, especialmente pela Teoria da Relatividade de Einstein.

Desapegar-se dessa idéia pode ser doloroso para os que estão apegados a ela, contudo é, sem dúvida, um grande salto na vida espiritual quando começamos a ter uma percepção do grande *todo* do qual fazemos parte. Ele não é bom nem mau de acordo com os padrões humanos, mas, sim, profundamente justo e equilibrado, pois todos os que dele participam são seus filhos diletos e de grande importância. Certo dia, um poeta disse: "É necessário nos desumanizarmos para sermos verdadeiramente seres humanos." A grande verdade é que no *Tao* tudo é relativo e, paradoxalmente, de uma grande importância, pois é algo que nunca mais voltará a existir, por mais vezes que volte. Passemos agora ao versículo 15:

Os sábios perfeitos da Antigüidade eram misteriosos, sobrenaturais,
penetrantes, profundos demais para serem compreendidos pelos homens.
Não podendo ser compreendidos, errônea será toda descrição.
O que deles podemos dizer é apenas uma pálida aproximação
da realidade.
Eram atentos como o homem que cruza o tormentoso rio
em pleno degelo depois do inverno.

Prudentes como aquele que é hóspede de alguém
muito cerimonioso, evanescentes como o gelo ao derreter.
Despretensiosos como a madeira bruta,
que não recebeu qualquer forma das mãos humanas.
Livres como o vale!
Turvos como a água enlameada.
Quem pode, pela serenidade, purificar pouco a pouco o que é impuro?
Quem pode tornar-se calmo e assim para sempre permanecer?
Aquele que segue o caminho perfeito
Não deseja estar cheio de coisa alguma
E por não estar cheio (de si mesmo) pode parecer que está gasto,
inútil e desprovido da perfeição temporal dos homens.

Comentário: é muito difícil compreender um sábio, um mestre, alguém profundamente realizado no *Tao*, ou em **Deus**, se preferirem usar tal nome que, afinal, é apenas um nome daquilo que é, em si mesmo, *inominável*.

A grande maioria dos seres humanos é profundamente condicionada pelos hábitos e os pensamentos do passado. Esta é a rotina da lenta evolução do *Tao* nas criaturas, e que permite que o progresso daquilo que será um dia uma dimensão espiritual da Realidade se faça graças aos erros e aos acertos de nossas vidas. Mas Lao-Tsé indica que é a serenidade que purifica, "pouco a pouco", o que é impuro. Serenidade é autocentragem naquilo que está mais além do nosso pequenino eu que tanto amamos. Esse algo é chamado com nomes diferentes. Para uns é o espírito, *atman*, mônada, o Eu Supremo, e muito mais. Mas só quando passamos a gravitar em torno *dele* é que podemos alcançar aquela serenidade, aquela Paz que ultrapassa o nosso entendimento que está em nós e em todas as coisas que nos cercam. No meio do conflito há a paz; no centro do furacão, ela lá está. Nos momentos de crise em nossas vidas — e quem não as tem — ela está presente, sempre a nossa espera, pois é uma companheira fiel que nos acompanha e não percebemos. Vemos somente as 'sombras' que os nossos sentidos e a nossa mente condicionada projetam na caverna — como disse Platão — em que vivemos. E Lao-Tsé arremata afirmando: "aquele que segue o caminho perfeito não deseja estar cheio de coisa alguma". Ou seja, assim como aquele que está num balão e quer subir mais no céu, joga fora todos os lastros, temos que nos esvaziar a fim de que naquele vazio que é verdadeiramente uma *plenitude,* possamos perceber claramente o *Tao,* a nossa essência, a nossa raiz.

Já no versículo 16 Lao-Tsé nos fala daquele estado de vazio que está em nós e não percebemos pela nossa profunda ignorância do *Tao*:

Podemos obter o estado de vazio quando com fervor
nos assentamos no repouso

Todas as coisas entram em seus processos de atividade
e depois voltam a absorver-se no repouso.
No mundo vegetal, ao atingirem as Formas a máxima plenitude,
vemo-las, aos poucos, retornarem às suas origens.
Este retorno ao próprio destino é uma constante;
conhecer essa lei é mostrar-se inteligente
não conhecê-la leva a maus resultados.
O conhecimento dessa regra imutável nos torna magnânimos e aquele
que é magnânimo é, na verdade, um rei. Assemelha-se ao céu,
pois seguiu o caminho perfeito e com o *Tao* se uniu.
Assim permanece para sempre.
E quando o dia chegar, e seu corpo desaparecer,
Já nenhum perigo o espera.

Comentário: esse é o versículo perfeito, dos 81 que constituem o *Tao Te Ching*, para encerrar estas considerações. Ele contém em si tudo o que todos os outros dizem para que possamos, algum dia, quando tomarmos 'juízo' alcançar aquela *taoidade,* aquele encontro com Deus (perdoem-me usar tal palavra; substituam-na como quiserem) com aquele *algo misterioso* que em tudo vive. E por essa razão eles existem.

Passemos à primeira afirmação do versículo:

"Podemos obter aquele estado de vazio quando com fervor nos assentamos no vazio". Lao-Tsé neste versículo age como um músico genial no encerramento de uma sinfonia. Ele retorna aqui e ali ao tema principal e faz maravilhosas variações. Para atingirmos aquela meta, o *vazio*, é fundamental que com 'fervor nos assentemos no repouso'. O que isso quer dizer? Significa que, sem fervor, coragem, determinação, *Virya* como dizem os hindus, não teremos as condições, o aquecimento básico para a grande transmutação do nosso *ser*. O repouso, a *paz* fundamental que sempre esteve dentro de nós e de todas as coisas por mais que aparentemente se movimentem. Pois essa *paz* é a origem de tudo. Sem ela nada existiria. E Lao-Tsé diz isso claramente: "Todas as coisas entram em seus processos de atividade e depois voltam a absorver-se no repouso." E quando isso ocorre, e poderá ocorrer com qualquer um de nós aqui e agora, retornaremos à origem de tudo. E Lao-Tsé vai mais além, incentivando-nos para que sigamos esse 'Caminho Perfeito', quando diz: "aquele que seguiu o caminho perfeito com o *Tao* se uniu. Assim permanece para sempre".

E é com esse acorde fortíssimo, símbolo da verdadeira união mística que estamos apresentando neste livro, que encerramos esta amostra do Taoísmo.

7

A Mística no Judaísmo

O povo judeu, do ramo da raça semítica, como seus irmãos árabes, possui uma religião cuja origem remonta a 6.000 anos atrás. Graças a ela esse povo manteve-se unido apesar dos períodos em que viveu, forçado pelas circunstâncias, na antiga Babilônia e no Egito e espalhado pelo mundo. Contudo foi a fé num Deus único a pedra de toque de tal resistência e que permitiu que o Judaísmo esteja hoje vivo, como amanhã também estará. O autor do livro *A Mística Judaica*, Gershom Sholem (vide Bibliografia) mostra bem a diferença entre os antigos gnósticos, mais preocupados com a palavra, e os verdadeiros místicos hassídicos um dos quais afirmou, com a convicção de alguém que teve a experiência direta com uma realidade transcendente, o seguinte:

Há os que servem a Deus com o seu intelecto humano e outros cujo olhar está fixo no nada... Aquele que participa desta experiência suprema perde a realidade do seu intelecto, mas, quando retorna de tal contemplação para o intelecto, encontra-o pleno do esplendor divino e afluente.

Vejam aí a identidade dessa percepção do "nada" que é idêntica em todas as reais experiências místicas do mundo. A Mística Judaica é autêntica pois possui aquilo que o famoso pesquisador dessa área, Dr. Rufus Jones afirma ser essencial para dar validade a todo processo místico: "Vou usar a palavra para designar o tipo de religião que coloca a ênfase na percepção imediata da relação com Deus, na consciência íntima e direta da Presença Divina. É a religião no seu estado mais vivo e intenso.

Já o grande teólogo cristão Thomás de Aquino define o misticismo como sendo o *Cognitto Dei Experimentalis*, ou o conhecimento de Deus pela experiência. Ao afirmar isso, ele estava reafirmando o salmista (Salmos 34: 8) que declarou: "Provai e dizei que o **Senhor** é bom". Por isso se vê a importância de que cada um tenha essa experiência direta da prova. Quem não sentir o seu 'gosto', nunca o percebeu por mais que venha a falar ou escrever. É essa prova vivencial que caracteriza o verdadeiro Alvorecer da Vida Espiritual. Gershon Schollem, já citado, vai mais além ao declarar que sua experiência é determinada pela experiência do eu íntimo, desse contato imediato com Deus ou com a Realidade Metafísica. O que forma a essência dessa experiência é o grande enigma para os próprios místicos, não menos para os historiadores que têm tentado resolver o problema. Pois deve ser dito que este ato de experiência pessoal, cuja investigação e interpretação sistemáticas determinam a tarefa de toda a especulação mística, é de uma natureza altamente contraditória e mesmo paradoxal. Isso é certamente verdadeiro quando há tantos esforços para descrevê-los em palavras pois (para isso) talvez não existam mais palavras.

Analisemos alguns exemplos da profunda obra *A Mística Judaica*, começando com os salmos da Bíblia e, em seguida, trechos selecionados dessa jóia da mística judaica que é o *Sidur Matzliah*, um livro de orações constantemente usado nas sinagogas e nos lares do judeus.

Salmo 1:

> Abençoados são o homem e a mulher que cresceram além da sua ambição e puseram fim ao seu ódio e não mais nutrem ilusões.
> Mas deliciam-se com as coisas tais quais elas são e mantêm abertos os seus corações, dia e noite.
> Eles são como árvores plantadas junto aos fluentes rios, que produzem frutos quando estão prontas.
> As suas folhas não caem, nem amarelecem.
> Tudo que fazem tem sucesso.

Comentário: é muito importante transcender a ambição, o ódio e a ilusão. É importante, também, aceitar as coisas que vêm até nós e abençoá-las, pois é o Senhor quem as manda para as nossas provas. O salmista fala-nos como é essencial "o coração estar aberto". Pois se estivermos fechados em nossos pequenos mundos de faz-de-conta, estaremos presos, cercados por um intransponível muro que nós mesmos criamos.

O maravilhoso Salmo 104 diz:

> Inominável Deus, que és insondável;
> eu te louvo cheio de perplexidade.
> Estás envolvido em luz como num manto;
> e cobres o Céu como uma cortina.
> E fazes das nuvens a tua carruagem;
> e caminhas nas asas do vento.
> Usas os ventos como teus mensageiros,
> o trovão e o raio são teus servos.
> Quando olhas para a terra, ela treme;
> quando tocas as colinas elas fumegam.
> Lançaste as fundações da terra

a fim de que não possas nunca destruí-la
Cobristes a terra com o oceano;
e as águas elevam-se mais altas do que as montanhas.
Elas fogem ao som da Tua voz;
e ao trovejares, elas correm.
E correm para baixo em direção aos vales,
para o local que apontastes para elas.
E as aprisionas, a fim de que nunca
retornem para inundar a terra.
Envias riachos para os vales,
e eles fluem entre as colinas.
Todos animais deles bebem;
as feras selvagens saciam suas sedes.
Perto deles os pássaros do céu moram,
cantando entre os ramos das árvores.
Regas as colinas a partir do céu;
e pelo Teu cuidado a terra é nutrida.
Fazes a relva crescer para o gado
e os grãos para o serviço da humanidade,
para dar alimento à terra
e o pão fortalece o corpo,
o óleo faz com que a face brilhe
e o vinho alegra o coração.
Plantas as árvores que crescem altaneiras,
os pinheiros e os cedros do Líbano,
onde muitos pássaros fazem os seus ninhos,
e a cegonha nos ramos mais elevados.
As montanhas são para as cabras selvagens;
e os íngremes rochedos para os esquilos da rocha;
Tu criaste a Lua para contar os meses;
e o Sol sabe quando deve ser dia.
Fizeste as trevas, que são a noite,
e a floresta de onde os animais emergem.
Os jovens leões rugem por suas presas,
buscando a sua comida vinda de Deus.
O Sol surge, e eles se recolhem,
e deitam-se nos seus esconderijos.
Enquanto o homem sai para o seu trabalho
e trabalha até o cair da tarde.

Quão infinitas são as tuas criaturas, Ó Ser Inominável!
Com sabedoria fizeste a todos.
Toda a terra está cheia de tuas riquezas.
Há o mar com toda a sua vastidão,
onde vivem inumeráveis criaturas,
e os peixes pequenos e grandes.
Lá os tubarões nadam, e a baleia
que criaste para com eles brincar.
Todos esses seres dependem de Ti
e a eles dás comida no tempo devido.
Ao abrires as Tuas mãos — eles a recolhem;
pois dás — e eles estão cheios de alegria.
Quando escondes a Tua face — eles ficam chocados;
quando retiras a sua respiração eles morrem
e devolvem para o pó os seus corpos.
Quando envias o Teu sopro — eles nascem,
e com eles povoas a terra.
A tua glória viverá para sempre;
pois eternamente te alegras com os teus trabalhos.
Eu cantarei a TI em cada momento;
e Te louvo a cada respiração.
Quão doce é confiar em TI;
que alegria é abraçar a Tua Vontade.
Possa o egoísmo desaparecer em mim,
e possas sempre brilhar no meu coração!

Comentário: temos diante de nós uma verdadeira ode à alegria em que Ele ou Aquilo é louvado pois todas as coisas são feitas por ele e vivem Nele. O místico tem a consciência disso e, assim como o salmista bíblico, ele está pronto a revelar essa experiência interna que alcançou para que os que ainda estão 'cegos' no mundo possam sentir um pouco desta maravilhosa percepção. E a frase final do salmista é um fecho de ouro em que ele mostra o que sente em si com toda a intensidade na frase: **"Possa o egoísmo desaparecer em mim, e possa sempre brilhar no meu coração!"**

Reflitam por algum tempo na profundidade desta frase.
Vamos, agora, ao Salmo 131:

Senhor, a minha mente não está ruidosa com desejos,
e o meu coração satisfez o seu anseio.
Não me preocupo com a religião,

nem com nada que não sejas Tu.
Eu pacifiquei e acalmei minha alma,
como uma criança no seio de sua mãe.
E minha alma é tão pacífica como essa
criança dormindo nos braços maternos.

Comentário: neste salmo está claramente dito que a mente não pode estar plena de desejos e muito menos o coração. Quando o desejo nos possui, nós perdemos completamente o contato com o Divino e passamos a viver somente num mundo banal. Não devemos também tampouco preocupar-nos com o lado externo da religião com toda a parafernália que a segue e que oculta a sua verdadeira essência. É, portanto, necessário que pacifiquemos as nossas almas a fim de que possamos senti-Lo no nosso ser. E expressá-Lo, como dizem os irmãos budistas, em pensamentos, palavras e ações.

O Salmo 19, que se segue, é novamente uma grande visão do universo que é, nos nossos limitados sentidos, o palco onde vivemos, nos movemos e temos o ser. E onde moram todos os seres visíveis e invisíveis, cada um deles com o seu sistema de referência sensorial, mas *todos* nele mergulhados. Vamos ao Salmo:

Os Céus declaram a glória de Deus
e a magnificência Daquele que os fez.
Cada alvorada é um milagre;
cada novo céu está repleto de beleza.
O seu testemunho fala para todo mundo
e alcança os fins da terra.
Nele está uma tenda para o Sol,
que aparece como um noivo
e se alegra como um atleta ao correr.
Ele começa onde os céus terminam
e circula até o fim,
e nada pode esconder o seu coração.
O universo de Deus é perfeito.
deslumbrando a mente.
A Verdade de Deus é sutil,
desconcertando o intelecto.
A lei de Deus é completa,
acelerando a respiração.
A compaixão de Deus é insondável
refrescando a alma.

A justiça de Deus é absoluta,
relampejando aos olhos.
O amor de Deus é radiante,
alegrando o coração,
mais precioso que o mais puro ouro
mais doce que o mel tirado da colméia.
Auxilia-me a ter consciência do meu egoísmo
mas sem ter vergonha ou autojulgamento.
Que eu possa sempre sentir a Tua presença,
em cada átomo de minha vida.
Deixa-me abandonar o meu ser
até que ele seja completamente transparente.
Que as minhas palavras sejam enraizadas na
honestidade
e os meus pensamentos perdidos em tua luz.
Deus inominável, és a minha essência,
minha origem, sangue da minha vida, meu Lar!

Comentário: neste salmo podemos compreender bem a importância e a possibilidade de sentirmos a presença de Deus em nós. Mas para isso temos que pôr de lado o egoísmo sem que, entretanto, não nos flagelemos por isso; aos poucos, temos de abandonar o que consideramos ser o nosso pequenino mundo que gira em torno de um ilusório "eu". Dessa forma, começaremos a ficar 'transparentes' e poderemos começar a perceber a Sua Grandeza que está também refletida em nós e em todas as coisas visíveis ou invisíveis. É o que leva o salmista a dizer, com um profundo entusiasmo, a frase final: Deus inominável, és a minha essência, minha origem, sangue da minha vida, meu Lar!

Para encerrar esta participação judaica no Velho Testamento da Bíblia, citamos um dos cânticos de Salomão que foram escritos, provavelmente, nos séculos I ou II de nossa era:

Meu coração estava partido, e uma flor apareceu;
e a graça se expandiu;
e produziu fruto para o meu Deus.
Tu me partiste, rompeste o meu coração
abrindo-o, enchendo-me de amor.
Tu derramaste em mim o Teu espírito;
eu Te conheço assim como a mim conheces.
Águas falantes me tocaram

vindas da tua fonte, a fonte da vida.
Eu as bebi e fiquei embriagado
com a água que nunca morre.
E a minha embriaguez foi uma introspecção,
uma intimidade com o Teu espírito.
E Tu fizeste novas todas as coisas;
e me mostraste todas as coisas brilhando,
e me facultaste uma facilidade perfeita
e me tornei como o Paraíso,
um jardim cujo fruto é alegria
e és como o Sol para mim.
Meus olhos estão radiantes com o Teu espírito,
minhas narinas impregnadas com o teu perfume.
Meus ouvidos deliciados com a Tua música,
e a minha face coberta pelo Teu orvalho.
Abençoados sejam os homens e as mulheres
que estão plantados nas Tuas terras, e em Teu jardim
que transforma em luz as suas trevas.
Suas raízes estão mergulhadas nas trevas
mas suas faces voltadas para a Luz.
Todos aqueles que Te amam são belos
e extravasam com a Tua presença
de modo que eles não podem fazer a não ser o bem.
Há um espaço infinito no teu jardim e
todos os seres humanos são bem-vindos aqui.
Pois todos necessitam entrar nele.

Comentário: neste cântico, Salomão coloca-nos à disposição o sonhado 'paraíso', que não é algo muito distante mas que está aqui e agora sob nossos pés. E nos fala como todos os nossos sentidos estão agora tocados por essa maravilhosa 'presença', ou vivência, como prefiro chamar. E no final dá uma esperança a todos quando afirma: "Há um espaço infinito no Teu jardim e todos os seres humanos são bem vindos aqui, pois todos necessitam entrar nele."

Passamos agora a exemplos retirados do Livro de Orações — *Sidur Matzliah* que é utilizado diariamente em casa, ou nas sinagogas por milhões de judeus no mundo. Começaremos com o Ofício da Manhã chamado *Col Berue* que é uma composição de Shalomo Ibn Gabirol, nascido na Espanha, em Málaga, no ano de 1022, e falecido em 1058 em Valência.

"Todas as criaturas dos céus e da terra testemunham e proclamam juntas, a uma voz: o Eterno é Um e Seu Nome é Um. Trinta e dois são os caminhos que levam a Ti, e todo aquele que conhece o seu segredo proclama a Tua grandeza; e eles reconhecem que tudo Te pertence e Tu és o Rei Único. Os corações meditando sobre o mundo construído encontrarão tudo diferente sem a Tua presença; na conta e no peso tudo está calculado e tudo provém do mesmo Pastor. Do princípio até o fim há um sinal da Tua presença; Norte, Sul, Leste, Oeste, o terceiro céu (*shahnak*) e o mundo (*tevel*) são testemunhas fiéis, este de um lado e aquele de outro. Tudo o que existe foi dotado de uma parte Tua. Tu ficarás e tudo mais desaparecerá. Por isso, toda criatura te dará glória, porque do princípio até o fim somente há um Pai. E na Tua Lei assim está escrito: Escuta Israel, o Eterno é nosso Deus, o Eterno é Um."

Comentário: neste cântico há todo um louvor e reconhecimento à unidade que está em nós e em todas as coisas. Isso é evidente quando o místico afirma — por experiência própria — que "Tudo o que existe foi dotado por parte Tua."

No cântico seguinte chamado *Yedid Nefesh* o místico proclama a sua experiência que quer transmitir a todos que puderem senti-la dizendo:

Querido de alma, Pai de piedade, atrai o teu servo para o que Te agrada; correrá o teu servo como uma corça e prostrar-se-á frente a Tua majestade, pois agradar-lhe-á Tua amizade, mais do que o mel puro e todo bom gosto.

Ó Majestoso, esplendor do mundo — a minha alma sofre pelo Teu amor; rogo-te ó Deus cura-a mostrando-lhe a beleza do Teu esplendor. Então ela ficará forte e se restabelecerá, e terá uma alegria eterna.

Ó Forte! enterneçam-se Tuas piedades para conosco e tem compaixão pelo povo amado, pois há tanto que este deseja ver a Glória da Tua força. Rogo-te, Ó Deus querido do meu coração, apressa-te e não Te afastes!

Comentário: neste admirável cântico de Ibn Gabirol está toda a ânsia do ser humano que sente e deseja se fundir com o Senhor. Isso é enfatizado na frase final: "Ó Deus, querido do meu coração, *apressa-te e não Te afastes*!"

Mas esse mesmo cântico da manhã continua dizendo num dramático apelo:

Aparece, rogo-te, e estende, Ó Amado, sobre mim a tenda de Tua paz; ilumina a Terra com Tua glória, e iremos nos alegrar e regozijar por Tua causa; depressa Amado, pois chegou a hora de nos conceder a Tua graça, como nos tempos antigos.

Ó Eterno, concede-nos a Tua graça pois em Ti temos esperança. Que sejas uma força para os que têm esperanças em Ti, também a nossa salvação no tempo das angústias. Levanta-te, resplandece, porque vem a tua luz e resplandece sobre ti a glória do Eterno; pois mesmo que a escuridão cubra a Terra, e as trevas os povos, sobre ti, porém, resplandecerá o Eterno e a glória será vista sobre ti.

Comentário: podemos imaginar este cântico sendo repetido com toda a unção pelos que se encontravam nos campos de concentração nazistas na antecâmara da morte, e que chorando diziam: "Que sejas uma força para os que têm esperanças em Ti, também a nossa salvação no tempo das angústias ...pois mesmo que a escuridão cubra a Terra, e as trevas os povos, sobre ti, porém, resplandecerá o Eterno e a glória será vista sobre ti".

No Ritual de *Rosh Hashana* — Tomo I, encontramos esta Oração da Manhã de autoria de Judeh Helevi (1075-1141), um poeta e filósofo espanhol, considerado uma das mais importantes personalidades da literatura medieval. Esta oração de elevada inspiração mística é chamada de *Yah Shinke*:

Louvarei a Deus, Teu nome eterno, a Tua justiça não encobrirei.
Estou ciente e convencido, não perguntarei nem examinarei.
Pois que sou formado de terra, e como a Deus observarei!
Ele é a fortaleza e o abrigo, sempre Nele confiarei.
Luz brilhante e resplandecente, a quem compararei?
Seja louvado e glorificado, enaltecido e exaltado,
Os Céus testemunham o Teu louvor, Tua glória, Tua potência.
Manhã, tarde e noite fazem conhecer a Tua grande Ciência.
Os anjos que Tu criaste admiram a Tua prudência.
Nunca Te cansas e tudo suportas, não tem limites a Tua resistência.
Terra, Céu e seu conteúdo, sustentam-se com a Tua previdência.
Seja louvado e glorificado, enaltecido e exaltado!
O alto valor do Criador, quem pode exprimi-lo com competência?
Vivo, Eterno e Invisível, nas alturas é a tua residência.
Por seu amor com o seu fiel,
pôs em sua Tenda a providência.
Da sua divindade o inspirou, para que conheça
a sua magnificência.
Sem semelhante, sem imitação, fim não tem a Sua ciência.
Os seus profetas, em suas visões se estremecem
na Sua presença.
Seja louvado e glorificado, enaltecido e
exaltado!
A Suas obras são sem conta
quem pode estimar a sua extensão?
É venturoso quem contempla o grande poder com
atenção!
Confia em Deus, que sustenta em base sólida a criação.

E justifica toda a Sua obra e a louva com admiração.
Confessa por tudo o que obra que só Ele sabe a
Sua intenção.
E que tem um dia em que Deus julga cada um
por sua ação.
Que seja louvado, glorificado, enaltecido e exaltado!
Homem, pensa e prepara-te, de tua nulidade
Convence-te,
Medita bem o que tu és e onde tens chegado
Olha o grande poder de Deus e que o teu espírito
seja comovido.
Contempla e conhece Suas grandes Obras,
mais do que isso não é permitido.
Princípio, nem fim, não perguntes, o inconcebível
nem o escondido.
Que seja louvado, enaltecido e exaltado.

Comentário: meditando na oração acima, lendo-a 'verticalmente' em busca da significação além das palavras como devem ser lidas todas as peças da mística universal, sentimos a percepção direta sentida pelo filósofo, algo que tenta transmitir aos que os lerem séculos depois. Ou seja o aspecto inefável, de profunda paz e felicidade, sentido por aqueles que se colocaram no correto posicionamento para perceberem a vida espiritual brotando dentro de si. Assim como a água, que é a mesma em todas as partes, poderemos beber e matar a sede com os místicos de todas as épocas e religiões.

O *Sidur Matzliah* traz uma oração composta pelo Rabi Isaac Lourya no momento em que se recolhia para dormir. Surgiu nele como a água nasce da fonte, vinda das camadas mais elevadas de sua consciência, e ficou até hoje como um marco das reflexões que todos nós, independentemente da nossa religião, devemos fazer todas as noites. Pois quem sabe essa noite poderá ser a última da nossa fugaz vida na Terra, e portanto, devemos estar preparados. Aqui está:

> Soberano do universo! eu perdôo a todo aquele que me magoou e me zangou ou me fez mal, tanto ao meu corpo como a minha propriedade, a minha honra e a tudo que possuo; tanto contra sua vontade ou com a sua vontade, tanto por erro quanto premeditadamente. Tanto com palavras como com ações. Tanto nesta encarnação como noutra. Eu perdôo a todo filho de Israel e peço que nenhum ser humano seja castigado por minha causa. Seja do Teu agrado, Eterno, meu Deus e Deus dos nossos pais que eu não peque mais; porém o que eu pequei diante de Ti apaga com as

Tuas numerosas piedades e não me castigues com sofrimentos e doenças más. Sejam as palavras de minha boca e o pensamento do meu coração aceitos perante Ti, Ó Deus, minha Rocha e meu Redentor!

Comentário: nesta oração, além do total arrependimento dos nossos 'pecados', temos o reconhecimento das inúmeras encarnações a que estamos sujeitos. O que vem mostrar que a mística judaica é reencarnacionista como todas as outras. E também a petição misericordiosa de que "nenhum ser humano seja castigado por minha causa". O que mostra que devemos assumir completamente os nossos erros diante daquele que é infinitamente Justo e Compassivo. Nessas três palavras, Justiça [*dharma*, Lei], nossos erros [*karma*, pecados] e Compaixão [Amor infinito por tudo que existe], encontramos uma ponte que nos leva a todas as tradições místicas universais.

Um outro exemplo da elevada mística judaica está na oração do Ofício da Tarde em que está dito:

> Deus meu, guarda minha língua da calúnia e os meus lábios de pronunciar falsidade. E que a minha alma seja impassível para os que amaldiçoam e que a minha alma seja humilde, como o pó, para com todos. Abre o meu coração para receber a tua Tora (Lei), que a minha alma siga Tuas ordenações. Frustra os planos e destrói as maquinações dos que se levantam contra mim para fazer o mal. Sejam eles como a palha diante do vento, e que o anjo do Eterno os empurre. Atende por amor de Teu nome! Atende por amor da Tua Destra! Atende por amor da Tua Tora! Atende por amor da Tua santidade, a fim de que se regozijem os Teus queridos. Salva-me com a Tua Destra e responde-me. Que as palavras de minha boca e as meditações do meu coração possam ser aceitas ante a Tua Presença, Senhor, meu Apoio e meu Redentor. Que Aquele que firma a paz na Alta Mansão conceda, através da Sua infinita misericórdia, a paz a nós e a todo Israel. (Amém).

Comentário: temos um exemplo de uma invocação no sentido mágico de pedir uma proteção ao Altíssimo. E ao mesmo tempo de uma suprema humildade com relação às fraquezas de nossa linguagem que muitas vezes atiça o ódio sobre nós. E ao mesmo tempo um pedido de paz para toda comunidade (Israel) e para todos nós.

O próximo exemplo vem de um Ofício da Noite e chama-se *Yoshve Besseter*:

Aquele que habitar no lugar secreto do Altíssimo, à sombra do Onipotente abrigar-se-á. Direi do Eterno: Ele é o meu Deus, o meu refúgio, a minha fortaleza, e Nele confiarei. Porque Ele livrar-te-á do laço que prende e da peste perniciosa.

Ele cobrir-te-á com suas asas; debaixo das suas asas abrigar-te-ás: a Sua verdade será o teu escudo e a tua couraça. Não terás medo do terror da noite nem medo da seta que voa de dia; nem da peste que anda na escuridão, nem da mortandade que assola ao meio-dia. Ainda que tombem mil ao teu lado e dez mil à tua direita, não chegarão a Ti. Somente com os teus olhos contemplarás e verás a retribuição dos ímpios. Quando tu disseres: "Tu Eterno, és o meu refúgio", e do Altíssimo fizeres a tua morada, nenhum mal te sucederá nem praga alguma chegará a tua tenda. Porque os Seus anjos darão ordem a teu respeito para te guardarem em todos os teus caminhos; tomar-te-ão nas suas mãos para que não tropeces com o teu pé em alguma pedra. Andarás por sobre o leão e por sobre a áspide, calcarás sob pés o filho do leão e do dragão. Pois tão encarecidamente me amou, também Eu o livrarei; enaltecê-lo-ei porque conheceu o Meu Nome. Ele Me invocará e Eu lhe responderei; estarei com ele na angústia; de lá o retirarei e o honrarei. Fartá-lo-ei com a distância dos seus dias e mostrar-lhe-ei a minha salvação.

Comentário: um hino de esperança que no meio de todos os problemas da vida, nas piores situações que nos encontremos, diante da morte iminente ou da dor de uma doença maléfica, **Ele** está presente e nos auxiliará com sua Compaixão. Pois se Nele acreditamos realmente estaremos debaixo de Suas sempre protetoras asas. E mesmo sofrendo, pois esse é o nosso destino, estaremos alegres pois Ele está segurando as nossas mãos e dando-nos com sua Santa Presença o melhor bálsamo que podemos ter. Para isso, entretanto, é necessário ter a confiança que nasce de uma Presença que vai tomando conta de nós à medida que a vida espiritual vai inundando o nosso coração.

Segue um trecho de um hino do Ofício da manhã de sábado.

> ...Bendito sejas Tu, para sempre, nosso Apoio, Rei e Redentor, Criador dos Santos seres! Louvado seja o Teu Nome para sempre, Rei nosso. Criador dos anjos do teu ministério, cujos ministros se acham nas mais altas esferas fazendo ouvir com reverência e em uníssono as suas vozes, proclamando as palavras do seu vivo e eterno Soberano. Todos eles são queridos, puros, poderosos e santos, e todos executam o desejo do seu Eterno, com temor e reverência. Todos abrirão as suas bocas com santidade e pureza, entoam cânticos e salmodias, continuamente, abençoando, louvando, glorificando, exaltando, reverenciando e consagrando o poder soberano ao Nome do Deus, o Grande, o Poderoso, o Temido Rei, que é o único Santo. Igualmente eles recebem, voluntariamente um do

> outro, o jugo da realeza do céu, e dando sanção um ao outro para santificar o Seu Senhor com um espírito tranqüilo, com a enunciação pura e harmonia sagrada; respondem em uníssono, com respeitoso temor, e proclamam com reverência: Santo! Santo! Santo! és o Eterno dos exércitos! Toda extensão da Terra está cheia da Tua glória!

Comentário: este hino é importantíssimo pois nele fica clara a existência de uma Hierarquia Oculta que, a partir do Rei, do Senhor, estabelece-se através dos seus 'ministros' e 'anjos' até o nível terreno. Esse senhor diz o hino "é o poder soberano, ...o Grande, o Poderoso, o Temido Rei, que é o único Santo". É interessantíssimo perceber que igual tradição existe no Budismo, especialmente no Tibete e na Mongólia, ou seja no Budismo chamado *vajryana*, da existência do rei do mundo. Um poder supremo na terra que reside em *Shambhala*, um centro oculto localizado no deserto de Gobi, na Ásia Central. Ele mora na Ilha Branca que era cercada pelo mar há milênios. Esses lagos ainda se encontram no deserto e têm águas salgadas e são chamados de Noor pelos nativos. A coincidência é profundamente significativa.

A seguir um hino chamado *Mussaf de Rosh Hodesh*:

> ...Deus meu, guarda minha língua da calúnia e os meus lábios de pronunciar a falsidade. E que minha alma seja impassível para os que me amaldiçoam e que minha alma seja humilde como o pó, para com todos. Abre o meu coração para receber a tua Tora (Lei): que minha alma siga as tuas ordenações. Frustra os planos e destrói as maquinações dos que se levantam contra mim para fazer o mal. Sejam eles como a palha diante do vento que o anjo do Eterno empurra. Atende por amor de Teu nome! Atende por amor de Tua Destra! Atende por amor de tua Tora! Atende por amor da Tua santidade, a fim de que se regozijem os Teus queridos. Salva-me com a Tua Destra e responde-me. Que as palavras de minha boca e as meditações do meu coração possam ser aceitas ante a Tua Presença, o Eterno, meu Apoio e Redentor! Aquele que firma a paz na Alta Mansão, conceda através da Sua infinita misericórdia, a paz a nós e a todo Israel.. (Amém).

Comentário: este hino é um verdadeiro mantra — palavra-força, como dizem os hindus, para a proteção, que pode e deve ser usado por todos os seres humanos somente incluindo na frase final a palavra mundo em lugar da palavra Israel. Pois, quando este hino foi composto, os judeus eram perseguidos, espalhados pelo mundo, e sonhavam com o dia em que se uniriam e com o aparecimento de Israel. Foi esse desejo intenso, essa fé profunda, que tornou possível o milagre chamado

Israel. O que todos nós devemos desejar é que judeus e árabes, irmãos de sangue semítico, possam viver juntos em harmonia com todos os países do mundo.

Passaremos agora a um maravilhoso hino místico composto por Moisés ben Nachman também chamado Nahmânides. Viveu entre 1194 e 1270; era um Rabino espanhol, notável conhecedor da Cabala, poeta e médico e que pode ser considerado como sendo um dos mais notáveis autores da literatura Talmúdica na Idade Média. Neste poema ele descreve o nascimento da alma a partir das profundezas do mundo divino que é a fonte de onde jorra essa água.

Desde o início do Tempo, pelas eternidades
Eu estarei entre os Teus tesouros ocultos
Do Nada Ele me chamou mas no fim do tempo
Serei reclamado [recebido] pelo Rei.
A minha vida flui da profundeza das esferas.
Que dão ordem à forma e à alma;
as forças divinas construíram-me e nutrem-me.
E então é preservada nas câmaras do Rei.
Ele irradiou luz para produzi-la
Nas fontes ocultas, direita e esquerda.
A alma desceu a escada do Céu,
do poço primevo de Siloan para o jardim do Rei".

Comentário: neste poema vemos a presença do Nada, que é o Suniata dos budistas, de onde evolvem todas as coisas do universo. A origem de nossa vida e de todas as coisas que possuem vida, também, como nós, cada uma a sua maneira, vem das profundezas ou das sutilíssimas regiões onde todos temos o nosso Ser. E os versos dizem que "ele irradiou luz para produzi-la"; para isso se valeu dos opostos, do *yang* e o *yin* no Taoísmo, da *anima* e do *animus* segundo Carl Jung, pois todas as coisas nascem do encontro dos opostos assim como nasce uma centelha entre o pólo positivo e o negativo. E o destino dessa alma, segundo o filósofo e místico, é o "jardim do Rei" que é o mundo em que vivemos, mas não temos, na grande maioria, consciência disso!

E para terminar, seguem os treze princípios da fé judaica:

1) Eu creio com fé completa que o Criador, bendito seja o Seu Nome, É e sozinho fez as criaturas e as dirige e Ele sozinho fez, faz e fará todas as obras.
2) Eu creio com fé completa que o Criador, bendito seja o Seu Nome, é o Único e não há Unicidade como a Dele, de nenhuma maneira. E só Ele é o nosso Deus. É, existiu, existe e existirá para sempre.

3) Eu creio com fé completa que o Criador, bendito seja o Seu Nome, não é o corpo e não pode se assemelhar à matéria. E Ele não tem comparação com qualquer coisa.
4) Eu creio com fé completa que o Criador, bendito seja o Seu Nome, é o primeiro e o último, sem fim.
5) Eu creio com fé completa que ao Criador, bendito seja o Seu Nome, a Ele só, se deve rezar e não a outro.
6) Eu creio com fé completa que todas as palavras dos profetas são verdadeiras.
7) Eu creio com fé completa que a profecia de Moisés, nosso mestre, e de bendita memória, é verdadeira e que Ele é o pai (mestre) de todos os profetas anteriores e posteriores a ele.
8) Eu creio com fé completa que toda a Lei que se encontra em nossas mãos é a que foi dada a Moisés, nosso mestre, de bendita memória.
9) Eu creio com fé completa que esta Lei não foi trocada nem haverá outra Lei por parte do Criador, bendito seja o Seu Nome.
10) Eu creio com fé completa que o Criador, bendito seja o Seu Nome, conhece todas as obras dos homens e todos os seus pensamentos, pois assim foi dito: "O Criador de todos os corações conhece todas as suas obras."
11) Eu creio com fé completa que o Criador, bendito seja o Seu Nome, recompensa aos que guardam os Seus preceitos e pune os que os transgridem.
12) Eu creio com fé completa na vinda do Messias e apesar de ele tardar em vir, esperá-lo-ei cada dia.
13) Eu creio com fé completa que haverá a ressurreição dos mortos quando for do agrado do Criador, bendito seja o Seu Nome, exaltada a Sua lembrança para todo o sempre. Em Tua salvação espero, ó Eterno; espero ó Eterno na Tua salvação; Eterno, em Tua salvação espero.

Comentário: nesses treze princípios há pontos de fundamental importância, tais como:

a) A profunda fé que é indispensável para o ser humano mergulhar em si mesmo e encontrar o que é a raiz de todas as coisas. Quando isso ocorre, acontece o Alvorecer da Vida Espiritual que advém Dele que a todos nos sustém.
b) A idéia, e mais do que a idéia, o fato de que Aquilo não é matéria, mas por piedade reveste-se nela a fim de que possa se manifestar nos diversos reinos da Natureza nos planos visíveis e invisíveis.
c) A certeza da vinda de um Messias que é também apresentada em outras religiões tais como no Jainismo, no Budismo, no Hinduísmo, com nomes diferentes. Eles são os *tirtankaras*, *avataras*, os *bodhisattvas*.

d) Quanto à ressurreição dos mortos, trata-se de algo controvertido, mas o próprio Judaísmo e o Cristianismo primitivo aceitavam a reencarnação. Podemos considerar como um fato que estarmos 'vivos' neste mundo não significa que estejamos realmente vivos. Enquanto o *karma* nos impelir para sucessivas encarnações, estaremos fazendo tentativas para que realmente nos tornemos *vivos*. Estar vivo é despertar para a vida espiritual, passar a ver, e a viver, de forma completamente diferente. E essa vida só nos é dada pela Graça do Senhor nosso Pai. Dessa forma, estaremos salvos e viveremos no Paraíso, lugar onde sempre vivemos, mas sem perceber, em virtude do profundo sono em que estamos mergulhados em nossas vidas.

8

A Mística no Cristianismo

Esta religião nascida aproximadamente há 2000 anos, no Oriente Próximo, é o resultado da fecundação entre vários movimentos religiosos — as antigas tradições judaicas, as influências budistas, ao que tudo indica através dos essênios, a religião tradicional esotérica dos Templos do Egito e outras correntes — uma vez que o povo judaico sofreu a influência de sucessivas diásporas e teve contato com diversas tradições do mundo antigo, mas conseguiu manter a sua tradição até os dias atuais, assim como acontece com o Cristianismo.

Jesus, o meigo rabino da Galiléia, teve que se refugiar no Egito para fugir das perseguições romanas e nada se conhece, a não ser esparsamente, das influências que ali recebeu. Foi profundamente influenciado pelo grupo dos essênios que tinha João, o Batista (o que batizava), como seu líder. Foi no batismo no Rio Jordão que se deu a abertura de sua consciência, simbolicamente representada pela descida da pomba do Espírito Santo, e ele se tornou um Crestos (ou Cristo), que significa o ungido, o tocado. E começou, então, a sua maravilhosa pregação. A pureza do Cristianismo foi fortemente influenciada, como em todas religiões, por seres humanos que não possuíam uma elevada percepção espiritual mas, sim, poder material. Contudo, apesar de todas essas distorções que aparecem, em todas as religiões do mundo, é possível encontrar nos seus místicos verdadeiras jóias da percepção do Eterno.

É evidente que está fora do escopo deste livro ser um alentado tratado sobre o misticismo no mundo; estamos dando exemplos para que o leitor possa sentir o gosto da verdadeira água da salvação, daquilo que nos transformará um dia de mortos-vivos em seres realmente vivos quando essa percepção do Eterno Agora se der dentro de nós, modificando completamente as nossas vidas. Teremos então produzido em nós a ressurreição dos mortos, que, ao ser interpretada ao pé da letra, causa tanta incompreensão pois é profundamente ilógica.

Seguem-se exemplos variados da imensa mística cristã. Comecemos com Simeão, chamado de Novo Teólogo, que viveu em 949-1022. Ele nos diz na sua simbólica poesia:

> Acordamos repentinamente no corpo de Cristo
> assim como ele desperta nos nossos corpos, e então

sinto que esta minha pobre mão é parte Dele. Como
também nos meus humildes pés Ele está presente.
Movo lentamente a minha pobre mão e
maravilhosamente
ela se transforma em Cristo, e é una com Ele
pois Ele é Deus que é Indivisível, é o Todo
na Sua Suprema Divindade.
Movo devagar o meu pé, e imediatamente **Ele** aparece
como se fosse um relâmpago.
Será que as minhas palavras soam como blasfêmias?
Para sentires o seu profundo sentido é preciso
abrires o teu coração para **Ele**.
E deixa entrar o **um**
que em ti está se abrindo tão profundamente.
Pois se realmente O amamos iremos despertar
dentro do corpo de Cristo.
Onde todo nosso corpo, todo ele, e cada
parte mais oculta dele,
é realizado em alegria Nele.
E **Ele** faz com que nós sejamos completamente **reais**.
E aí tudo que nos fere, tudo que parece ser para nós escuro,
áspero e vergonhoso, mutilado, horrível e irreparavelmente danificado
Nele é transformado
e reconhecido como um **todo**, tão amorosa e radiante é a Sua Luz
E nós então despertamos em cada parte de nosso corpo!

Comentário: neste poema o místico descreve a plenitude que se sente quando acordamos e vemos que somos partes *daquilo* que é o nosso pai e mãe. Cristo vivo, o ungido, o tocado está em nós, e felizes são aqueles que podem senti-Lo.

Passemos agora a uma mística alemã, Hildegard de Bingen, que viveu entre 1098 e 1179 e que, na sua sensibilidade feminina, expressa com admirável precisão a sua percepção *daquilo* que está adormecido na maioria das criaturas. As suas palavras estimulam o ser humano, qualquer que seja a sua religião, a encontrar o âmago do seu Ser. Aí está o exemplo da sua extraordinária percepção da realidade:

Oh Espírito Santo que és a Vida de todas as Vidas
que abraças todos os seres

que és a Raiz de Tudo
que lavas todas as coisas tornando-as Puras
e que limpas todos os nossos erros
e que curas todas as feridas.
És, na verdade, a nossa extraordinária Vida
Luz maravilhosa, esplendor!
Que tocas os nossos corações
acordando-o do seu antigo sono!

Comentário: é esse Espírito Santo que acorda os seres adormecidos, não só os humanos, mas todos os seres que surgiram da sua multiplicação milagrosa, visíveis e invisíveis, e para o qual ainda não acordamos e vamos vivendo nossas sucessivas vidas peregrinando no reino do tempo e do espaço. Quando esse 'antigo' sono é quebrado, nasce o novo Ser em nós que é Uno com o Eterno, pois é uma parte Dele sem que o saibamos. A chamada 'ressurreição' dos mortos de que nos falam as tradições judaicas e cristãs não acontece somente no final dos tempos, mas a qualquer momento, naqueles que se iluminaram, que se libertaram da roda inflexível das reencarnações, e perceberam a nova vida que está adormecida em nós.

A reencarnação era aceita no Cristianismo até o século XVII. Na Bíblia encontram-se várias evidências disso que não foram expurgadas pela visão fechada de muitos dos seus mentores. Vejamos, por exemplo, Mateus 17, 12, 13 em que Jesus diz: "Elias já veio e não o reconheceram, mas fizeram com ele o que quiseram. Do mesmo modo também o Filho do homem está destinado a sofrer nas mãos deles". Quando isso ocorreu, os discípulos atentos perceberam que Ele estava falando de João Batista. Poderia a declaração de Jesus significar que João, o Batista (aquele que batizava), era Elias reencarnado? E a crença na reencarnação no Cristianismo provém das suas origens, das influências dos essênios que a aceitavam, como os antigos manuscritos do Mar Morto nos revelam, dos gnósticos que foram considerados como heréticos, da influência que Jesus deve certamente ter sofrido quando esteve no Egito que possuía uma elevada mística procedente de Hermes Trimegistos.

O próximo exemplo nos vem do doce santo Francisco de Assis, que falava com os animais e as plantas e que a tudo amava. Ele viveu de 1182 a 1226. É o *Cântico do Sol* onde ele afirma, com a convicção de quem sente na carne o que diz, o seguinte:

Para o Supremo, o mais Elevado doce Senhor
de todas as coisas
vai o nosso louvor e a glória que sentimos em cada

uma das suas bênçãos.
Que sejas louvado, meu amado Senhor,
por todas as criaturas do universo, e
primeiramente pelo nosso irmão Sol,
que faz brilhar e torna luminoso os nossos dias.
Que sejas para sempre louvado, Senhor meu,
pelo nosso irmão vento
e pelo ar às vezes enevoado ou sereno
em todas as espécies de climas
por meio do qual nutres todas as criaturas.
Que sejas para sempre louvado, meu Senhor,
pela irmã água,
que é utilíssima, humilde, casta e preciosa
Que sejas louvado, meu Senhor, pelo irmão Fogo,
através do qual iluminas a noite.
Ele que é belo, alegre, robusto e forte.
Que sejas louvado, meu querido Senhor,
pela nossa irmã, a mãe Terra,
que a todos nós nutre e sustenta
e produz uma grande variedade de frutos
e coloridas flores e ervas.
Que sejas louvado, meu querido Senhor,
por aqueles que perdoas com teu infinito Amor,
e pelos que estão doentes e cheios de atribulações.
Abençoados são aqueles a que ela, a mãe Terra,
encontra cumprindo a Tua Santa Vontade,
pois a segunda morte nenhum mal lhes fará.
Louvem e abençoem meu Senhor
e que Ele receba o agradecimento daqueles
que, com grande fervor, O servem.

Comentário: a entrega de São Francisco de Assis é completa, pois ele louva cada um dos elementos terrenos que nos cercam e agradece a eles pois eles são úteis e sem eles não viveríamos. A sua participação mística leva-o a um êxtase completo diante do Criador, quando sente que é parte integrante Dele e por isso louva-O e agradece a ele com todo amor.

A seguir um poema de Mechthild de Magdeburg, que viveu entre 1210 e 1297:

Um peixe vive na água e nela não se afoga,
nem um pássaro do ar cai.

O ouro perdura e, portanto, não desaparece
mesmo que roubado.
O fogo é radiante no seu brilho.
Por que cada criatura de Deus feita por **Ele**
tem que viver segundo a sua natureza?
E, portanto, como posso eu resistir insanamente
à minha natureza que vive para a Unidade com Deus?"

Comentário: é evidente que essa resistência àquilo que essencialmente somos provém do que os hindus chamam de *avidya* (ignorância), produto do *karma* acumulado que faz com que estejamos 'mortos' apesar de aparentemente estarmos vivos. É, sem dúvida, uma loucura que todos nós temos na justa medida do *karma* acumulado. Este, um dia, não importa quando, será rompido e algo novo aparecerá diante de nós em nossas vidas.

Em outro poemeto Mechthild de Magdeburg dá-nos uma visão de como podemos perceber Deus:

De tudo que me foi mostrado por Deus
somente pouquíssima coisa posso falar.
Não mais do que a abelha recolhe
com sua patinha de um vaso
transbordante de mel.

Comentário: ela nos dá com essa imagem o pouco que podemos recolher Daquele que é o nosso Senhor e Rei. Mas o fato incontestável é que essa gotícula de mel é doce como Ele, e podemos, assim, conhecer um pouco da sua maravilhosa presença em nós.

O grande místico medieval Angelus Silesius, que viveu entre 1624-1677, dá-nos um exemplo de como a 'visita' que Deus nos fará poderá ser feita:

Deus onipotente e onipresente cujo amor e alegria
estão presentes em todas as coisas do mundo
Não poderá nos visitar a fim de que sintamos
sua presença
a não ser quando não estivermos presentes.

Comentário: novamente a mística universal oferece o testemunho de que enquanto houver um 'eu', um 'meu' e o sentido de sermos alguma coisa separada dos outros, **Ele** nunca poderá nos visitar. Para que isso ocorra temos que estar vazios completamente do egoísmo e do sentido de auto-importância que, infelizmente, temos como uma maldita sombra que nos acompanha.

O mesmo Angelus Silesius dita-nos as condições para que essa 'visita' possa ser recebida por nós. É quando ele afirma claramente, e com toda convicção de alguém que sentiu, vivenciou, isso em si mesmo:

Faz do teu coração uma simples manjedoura
onde se dê o nascimento,
então mais uma vez Deus tornar-se-á
criança na Terra, e serás profundamente feliz

Comentário: o símbolo da manjedoura, que segundo a tradição foi o local onde Jesus nasceu, indica a necessidade do nosso despojamento, da nossa descomplicação, da nossa pureza interna a fim de oferecermos as condições necessárias para que algo maravilhoso possa ocorrer.

O próximo poemeto de Angelus Silesius fala-nos da importância do vazio em nós, quando afirma:

Deus em última análise é puramente um vazio (coisa alguma)
ocultado sutilmente no aqui e agora.
Quanto menos estiveres a Sua procura
mais ele aparecerá em ti.

Comentário: Silesius quer dizer claramente que quem procura Deus não O acha, pois quando há procura, existe alguém que anseia encontrar algo. E nessas condições, a Presença do que é o mais sutil dos sutis não tem condições de se manifestar, já que há a presença do 'outro', o que é um obstáculo intransponível, enquanto existir, para que Ele possa ser por nós sentido tal qual Ele É.

Agora alguns exemplos retirados do livro *A Filosofia Perene* de Aldous Huxley por mim traduzido para a Editora Civilização Brasileira, e que me causou um grande impacto e lançou as sementes deste livro que agora apresento. (Vide Bibliografia).

O admirável Mestre Eckhart afirma com toda convicção de alguém que sentiu na carne a experiência inefável da Presença Daquilo:

Quanto mais Deus estiver em todas as coisas, mais estará fora delas. Quanto mais estiver dentro, mais estará fora.

Comentário: essa frase é um verdadeiro *koan* zen pois reflete na sua dubiedade algo que está além do dualismo do dentro e do fora, pois está acima dele, uma vez que Aquilo que É, que muitos chamam de Deus, é inefável. E, enquanto houver a presença de um 'eu' particular, ele não se fará presente.

O místico William Law esclarece o que "budisticamente" Eckhart disse acima na seguinte citação:

> Embora Deus esteja presente em toda a parte, Ele só está presente em ti na parte mais profunda e central da tua alma. Os sentidos naturais não podem possuir Deus, nem unir-se a Ele; as tuas faculdades internas de compreensão, vontade e memória podem somente atingir a Deus, mas não podem ser o lugar da Sua morada em ti. Mas há uma raiz ou profundeza em ti de onde procedem todas essas faculdades, como linhas de um centro, ou os ramos do tronco de uma árvore. Esta profundeza é a unidade, a Eternidade — eu quase diria o infinito de tua alma; pois é tão infinita que nada pode satisfazer o dar-lhe repouso, a não ser a infinitude de Deus.

Comentário: percebemos claramente que está dito que "os sentidos não podem possuir Deus, nem unir-se a Ele" ...Algo muito importante para todos aqueles que vivem de forma extrovertida, unicamente com os seus sentidos na busca de prazer, fato que bem caracteriza a nossa vida moderna. No entanto Law afirma que há em nós, apesar de a maioria nem sonhar com ela, "uma profundeza que é a unidade, a Eternidade". Busquemos desprovidos do sentido pessoal do nosso eu, deixemos que ele adormeça nos nossos sonhos de grandeza, e então, pé ante pé, poderemos encontrar a "infinitude de Deus."

Vamos agora a uma série de citações retiradas de uma jóia do misticismo cristão chamada *Imitação de Cristo*. A sua autoria é atribuída a Thomas Kempis que demonstra nesse texto uma visão mística profunda do Cristianismo.

No Livro I — Capítulo II está dito:

Como deve cada um sentir humildemente a si mesmo.

1. Todos os homens naturalmente desejam saber. Mas de que serve a ciência sem o temor a Deus?

   Por certo melhor é o rústico humilde que serve a Deus que o soberbo filósofo que, deixando de se conhecer, observa os movimentos do céu.
   Aquele que bem se conhece tem-se por vil e não se deleita com os louvores humanos.

   Se eu soubesse quanto há no mundo e não tivesse caridade, de que me serviria diante de Deus que há de julgar segundo as minhas obras?

2. Que não tenhas demasiado desejo de saber, porque nele acharás grande distração e engano.

   Os doutos gostam de ser tidos e aplaudidos como tais. Muitas coisas há que sabê-las pouco ou nada aproveita a alma, e muito louco é quem atende a outras coisas além que servem para a sua salvação.

   As muitas palavras não enchem a alma; mas a boa vida (correta) lhe dá refrigério, e a consciência pura causa grande confiança a Deus.

3. Quanto mais e melhor souberes, com tanto mais rigor serás julgado se não viveres santamente.

   Por isso não te desvaneças com qualquer arte ou ciência; mas teme o conhecimento que dele adquiriste.

   Se te parece que sabes muito e entendes muito bem, tem por certo que é muito mais o que ignoras. Não presumas de alta sabedoria, mas confessa tua ignorância (Romanos XI,20).

   Por que te queres ter em mais que os outros achando-se muito mais doutos e sábios na lei de Deus que tu?

   Se queres saber e aprender alguma coisa proveitosamente, deseja que não te conheçam nem te estimem.

4. O verdadeiro conhecimento e desprezo de si mesmo é altíssima e utilíssima lição.

   Grande sabedoria e perfeição é pensar cada um sempre bem e favoravelmente dos outros, e ter-se e reputar-se em nada.

   Se vires alguém pecar publicamente ou cometer culpa grave, não te deves julgar melhor; porque não sabes quanto tempo poderás perseverar no bem.
   Todos somos fracos; mas a ninguém tenhas por mais fraco do que a ti.

Comentário: Thomás Kempis mostra com toda humildade o perigo do conhecimento acumulado e a vaidade de nos julgarmos sábios, quando na realidade nada sabemos a não ser meras palavras e conceitos que são completamente diferentes da coisa em si mesma. Apenas sombras de uma sabedoria que está longe de nós e que só atingiremos quando tivermos a humildade de dizer como Sócrates: "a única coisa que sei é que nada sei".

No Capítulo XI há o subtítulo: Como se deve adquirir a paz interior e o desejo de fazer progressos na virtude.

1. Muita paz teríamos se não nos quiséssemos intrometer nas palavras e obras alheias, que não nos pertencem.

   Como pode estar em paz muito tempo aquele que se intromete em cuidados alheios, busca ocasiões exteriores, e dentro de si poucas ou raras vezes se recolhe?

   Bem aventurados os simples, porque terão muita paz.

2. Qual é a causa por que muitos santos foram tão perfeitos e contemplativos? Porque trataram de se mortificar inteiramente em todos os desejos terrenos e por isso puderam se unir a Deus no íntimo do coração e ocupar-se livremente de si mesmos.

   Ocupamo-nos muito de nossas paixões, e temos demasiado cuidado com o que é transitório. E também poucas vezes vencemos um vício perfeitamente, nem nos inflamamos no desejo de adiantar cada dia do nosso aproveitamento e por isso ficamos sempre tíbios.

3. Se estivéssemos perfeitamente mortos para nós mesmos e no interior desembaraçados, então poderíamos gozar as coisas divinas e adquirir alguma experiência da contemplação celestial.

   O que unicamente nos impede é não estarmos ainda livres das nossas inclinações e desejos, e isso mesmo nos aparta de entrar no caminho perfeito dos santos.

   E quando também alguma adversidade nos sucede, mui depressa nos desalentamos e buscamos consolações humanas.

4. Se nos esforçássemos na batalha em pelejar como varões fortes, veríamos sem dúvida o auxílio do Senhor descer do céu sobre nós.

   Se pusermos unicamente o progresso da vida religiosa nas observações exteriores, bem depressa acabará em nós a devoção que tínhamos.

   Ponhamos pois, o machado à raiz da árvore para que, livres das paixões, possamos pacificar as nossas almas.

5. Se cada ano desenraizássemos um vício, não tardaríamos a ser perfeitos.

   Mas, pelo contrário, muitas vezes experimentamos que éramos melhores, e nossas vidas mais puras, no princípio da nossa conversão do que depois de muitos anos de profissão.

Nosso fervor e aproveitamento deveria ir crescendo todos os dias, mas agora por muito se tem o conservar (apenas) alguma coisa do primeiro fervor.

Se no princípio fizemos algum esforço, poderíamos depois fazer tudo com facilidade e alegria.

6. Custoso é deixar os costumes antigos; porém mais custoso é ir contra a própria vontade.

Mas se não venceres as coisas pequenas e fáceis, como vencerás as dificultosas?

Resiste no princípio à tua inclinação e deixa quanto antes o mau costume, para que não te leve pouco a pouco a maiores dificuldades.
Ó! se bem considerasses quanta paz terias e quanta alegria darias aos outros tendo boa vida, creio que serias mais solícito no teu aproveitamento espiritual!

Agora temos um trecho que nos servirá muito quando tivermos a nossa frente o furacão das adversidades e pensarmos que estamos sós. Sofremos e, muitas vezes, praguejamos contra o nosso destino cruel. Leiam e meditem profundamente no que se segue:

Capítulo XII — do proveito das adversidades.

1. Bom é que de tempos em tempos sucedam-nos coisas adversas, e venham trabalhos; porque fazem recolher o homem (o ser humano) dentro do seu coração, para que, conhecendo que vive em desterro, não ponha esperança em coisa alguma do mundo.

Bom é que padeçamos algumas vezes contradições e que os homens pensem mal ou pouco favoravelmente de nós ainda que obremos bem e tenhamos boas intenções. Estas coisas de ordinário ajudam-nos a ser humildes e defendem-nos da vanglória.

Porque então melhor buscamos a Deus por testemunha interior, quando exteriormente somos desprezados dos homens, e pensam mal de nós.

2. Por isso deveria o homem (o ser humano) firmar-se de tal modo em Deus, que lhe não fosse necessário buscar muitas consolações humanas.

Quando o homem de vida boa (correta) é atribulado, ou tentado, ou combatido de maus pensamentos, então conhece ter de Deus maior necessidade, experimentando que sem Ele não pode obrar coisas boas.

Então se entristece, geme e pede ao Senhor que o livre dos males que padece.

Então, também conhece que não há nem pode haver no mundo perfeita segurança nem paz completa.

Comentário: no texto acima vemos que todos nós, apesar de termos uma 'vida boa (correta)', estamos sujeitos a todas atribulações e, mais do que nunca, teremos a necessidade de sentir em nós a Presença Daquilo onde nos movemos e temos o ser. E nunca devemos nos desesperar, pois nunca estamos sós. Ele sempre nos auxilia nos momentos de maior depressão. Temos que manter essa idéia, e mais do que uma idéia é uma certeza, que o socorro virá quando mais necessitamos dele. Para isso a Fé verdadeira é indispensável.

Passemos agora, ao Capítulo XV, onde se trata:

De que modo deve cada um haver e falar nas coisas que deseja.

Jesus Cristo, Filho, quero que em tudo me fales assim:

1. Se for de vossa vontade o que vos proponho, faça-se.
2. Senhor, se for para a honra vossa, faça-se.
3. Senhor, se for de Vossa vontade o que vos proponho, faça-se.
4. Senhor, se for para honra Vossa, faça-se isto em Vosso nome!

Comentário: nestas primeiras linhas, colocamo-nos completamente nas mãos do Senhor, que possui vários nomes nas diversas religiões e filosofias do mundo. Mas em todas elas Ele é o supremo Ser que a todos contém em seu seio. Nele cremos e sabemos, porque sentimos na carne, quando isso for possível graças ao nosso desenvolvimento espiritual, que ele ou ela (e é por isso que os japoneses chamam o supremo de *Oyasama*, que quer dizer o Ser hermafrodita que é simultaneamente Pai (o Criador) e Mãe (a Geradora) — nos ajuda e protege, qualquer que seja o Nome pelo qual é chamado. Essa confiança, essa total certeza é importante para estabelecer essa fundamental ligação, esse verdadeiro cordão umbilical, entre Aquilo e cada um de nós que nos julgamos abandonados e solitários neste mundo.

Continua o texto:

Senhor, se vedes que o que vos peço me convém, e é útil à minha salvação, concedei-me o seu uso para glória Vossa.

Mas se conheceis que me é nocivo e nada proveitoso à salvação de minha alma, desviai de mim tal desejo.
Porque nem todo o desejo é inspirado pelo Espírito Santo, ainda que ao homem pareça ser bom e útil.

Dificultoso é discernir com certeza se é o bom ou o mau espírito que move o teu próprio espírito.

Acham-se enganados no fim muitos que ao princípio pareciam movidos pelo bom espírito.

Comentário: nesta seqüência, temos um material precioso para muitas reflexões, qualquer que seja a tua religião ou filosofia, pois o triste fato é que além dos nossos fugazes e mutáveis desejos nascidos dos nossos sentidos e de nossas ilusórias idéias de que podemos possuir alguma coisa, há um **desejo** maior do que o nosso que é aquele que vem **Daquilo** que é verdadeiro Senhor(a) de todas as coisas no universo. Estejamos atentos a esse sutilíssimo chamado interior, pois ele é o chamado correto. Devemos, contudo, ficar plenamente atentos para não cairmos no erro, pois a maioria dos nossos desejos, apegos, foram criados por *Mara* — o Espírito do Mal — que tenta com todos os ardis possíveis desviar-nos do nosso correto caminho. Este caminho ou senda é o nosso *dharma* — a nossa linha de menor resistência que nos levará um dia, ou, se quiserem numa reencarnação, até **Aquilo** que é verdadeiro dono e Senhor do nosso Ser!

Continua o texto do livro *Imitação de Cristo*:

2. Por isso deves sempre oferecer-Me as tuas petições e os teus desejos com temor de Deus, humildade de coração e plena resignação, remetendo tudo a minha disposição, renunciando intensamente à tua própria vontade e dizendo:

   Senhor, vós sabeis o que é melhor: faça-se em tudo como for a Vossa Vontade.

   Dai-me o que quiserdes, quando quiserdes,
   e quando quiseres.

   Tratai-me como Vos agradar, como sabeis que me convém e para a Vossa glória.

   Ponde-me onde quiserdes, e disponde absolutamente de mim em tudo. Estou em Vossa mão, **voltai-me e tornai-me a voltar** segundo Vos parecer!

   Eis aqui o Vosso Servo pronto para tudo: pois desejo, Senhor, viver para Vós e não para mim. Oxalá que o possa fazer digna e perfeitamente!"

Comentário: neste trecho temos claramente indicado o cuidado que devemos ter com certos desejos que nos parecem vir do "Espírito Santo". Ou seja, Daquilo que é o nosso verdadeiro Senhor. Entretanto, deve ficar bem claro, como os budistas tibetanos costumam mostrar, que, neste mundo, há toda espécie de forças que eles chamam de Irmãos das Sombras, e os cristãos de demônios, que se revestem hábil e sorrateiramente de "peles de cordeiro" — como diz a Bíblia — para nos afastar de todas as maneiras do que é correto — do nosso *dharma*, da nossa senda.

Cuidado, pois eles se revestem de todas as roupagens, todos os mantos e todas as batinas para parecer que são os Anjos da Paz. E dizem que ouvem vozes, vêem seres superiores que os orientam, recebem mensagens; contudo deve haver o maior cuidado porque é muito difícil constatar a veracidade disso. Estejam, portanto, atentos, pois a verdade do que é realmente Divino acabará por brilhar.

E há neste trecho uma frase profundamente enigmática que, para muitos, poderá parecer desapercebida, mas que adquire toda a sua natural textura quando pensamos em termos daquilo que as antigas tradições da Índia chamam de *samsara*, ou seja, a roda das sucessivas vidas e mortes, que só acabam quando atingirmos a Iluminação, a Libertação, o *samadhi*, o *satori*, ou a santidade. E, então, haverá em nós a verdadeira ressurreição e tornar-nos-emos Vivos por fim! Encontramos essa idéia, embora, propositalmente oculta por aqueles que a julgavam uma heresia, nas páginas da Bíblia cristã e no Tora judaico.

Pela importância do trecho citado, voltamos a repetir:

> Ponde-me onde quiserdes, e disponde de mim em tudo. Pois estou em Vossa mão e, portanto, **voltai-me e tornai-me a voltar** segundo o Vosso parecer (vontade).

Esse trecho demonstra literalmente o fato de nos colocarmos inteiramente à disposição de Deus sem protesto.

A idéia da reencarnação era aceita no Cristianismo e foi mais tarde abolida por uma bula papal. Os dizeres: *Voltai-me e tornai-me a voltar* é idêntico ao posicionamento do Hinduismo e Budismo, indicando que todo ser humano deve se entregar, sem protesto, à roda do *samsara* — das reencarnações que são causadas pelos nossos pecados, ou melhor, como eles dizem pelo nosso *karma* acumulado. E não nos devemos revoltar contra isso. Há sempre a esperança daquilo que o cristão chama de conversão, e os orientais usam expressões semelhantes quando nos falam, como é o caso do Budismo da Terra Pura, do poder externo — *Tariki* — que está constantemente nos chamando para o Paraíso. Pensem um pouco nisso pois vale a pena.

E desculpem a proposital variação em torno do tema da reencarnação que explica muitos mistérios das nossas vidas.

Abordamos, a seguir, alguns aspectos da vida espiritual na visão de Mestre Eckhart, o grande místico medieval alemão do século XIV. Há um texto que foi escrito para a festa da Assunção (15 de Agosto), em que Eckhart expõe quatro pontos capitais do seu pensamento.

I. O que quis o Criador com sua criação?
II. O que busca a Santa Trindade em todas as suas obras?
III. O que busca a alma em todas as suas aspirações?
IV. O que buscam todas as criaturas nos seus movimentos naturais?

Para essas quatro questões, há uma só resposta: o repouso. E Mestre Eckhart responde:

I. Por sua natureza divina que é o repouso, Deus demonstra uma grande felicidade que, na sua criação, ele projetou com amor, a partir de si mesmo, a fim de que a alma e todas as criaturas tendam para ele, retornando a sua origem: o repouso divino.
II. A Santa Trindade busca o repouso: o Pai pela emanação e seu Filho por imagens ou arquétipos, ou "idéias", no sentido platônico, de todas as criaturas. O Pai e o Filho buscam o repouso no Espírito Santo que emana de um e de outro e que é o Seu Amor Eterno e Infinito.
III. Eckhart estende-se mais longamente sobre o que ele chama de "repouso" que a alma está buscando, seja rejeitando que seja afastada, seja atirando-se na direção do objeto no qual ela pretende encontrar-se. Em um e em outro caso, podemos afirmar que é a semelhança com Deus que a atrai. Ou seja o repouso que todas as criaturas inconscientemente procuram.
IV. A alma que repousa em Deus deve ser pura e ater-se às coisas espirituais. Ela se torna então mais pura e mais potente nas suas obras.

Comentário: este trecho do sermão de Eckhart tem muito de Zen, como mostra a historinha de um discípulo que, depois de praticar muito a meditação com o seu Roshi (mestre), sentindo-se cada vez mais inquieto, cada vez mais distante do 'repouso' de Mestre Eckhart volta a ele e pergunta como deverá encontrar a paz (repouso no conceito de Eckhart) que não existe nele. O velho mestre nada respondeu, mas pegou um pincel, molhou-o na espessa tinta preta e escreveu, num papel, a palavra — *atenção*! O discípulo, não entendeu e perguntou novamente. O mestre, calmo, pegou o pincel e escreveu num tamanho maior a palavra *atenção*! Sem entender o discípulo voltou a perguntar como encontrar a paz. O mestre escreveu, dessa vez com letra ainda maior, a expressão escrita duas vezes anteriormente: *atenção*! Acredito que Eckhart teria feito o mesmo com a palavra **repouso**!

É o repouso a Paz que todos almejamos. E ele pode ser encontrado aqui e agora no meio das nossas turbulentas vidas. E quando isso ocorre tudo se transforma. Contudo que repouso é esse que procuramos, se todas as coisas estão em movimento constante desde as partículas subatômicas até os astros nos céus? Devemos compreender que a soma de todos os movimentos no seio do Eterno, ou de Deus, se quiserem, é repouso absoluto. "Há uma Paz que ultrapassa o entendimento humano. Vive no coração daqueles que moram no Eterno", é como dizem os hindus, expressando o mesmo sentimento de Mestre Eckhart.

Passemos agora a uma parábola por ele citada e que demonstra a sua profunda percepção espiritual:

> Havia um sábio que, por oito anos, procurava encontrar alguém indicado por Deus capaz de ensinar-lhe a verdade. Certa vez, ao sentir um forte anseio, uma Voz Divina chegou-lhe aos ouvidos: — Vai à igreja e ali encontrarás um homem que te mostrará o caminho da bem-aventurança! O sábio foi ao templo e encontrou um pobre homem cujos pés estavam lacerados e cujas roupas estavam bastante rotas. Então ele o cumprimentou, dizendo:
>
> "Deus lhe dê um bom dia!"
> O andrajoso respondeu: "Eu nunca tive um dia ruim."
> "Deus lhe dê boa sorte".
> "Eu nunca tive má sorte."
> "Que você seja feliz!" Mas por que me responde deste modo?
> "Eu nunca fui infeliz", retrucou o homem.
> Por favor, explique-me o que se passa,
> pois não posso entendê-lo, disse o sábio.
> O maltrapilho continuou: "Com prazer.
> "Você desejou-me um bom dia. Eu nunca tive um dia ruim,
> porque se sinto fome, louvo a Deus;"
> "Se faz muito frio, se chove granizo, se neva,
> se o tempo está claro ou nublado, ainda assim, louvo o Senhor;"
> "Mesmo desprezado, eu louvo a Deus, de modo
> que eu nunca tive um mau dia."
> "Você quis que Deus me enviasse sorte;"
> "Entretanto nunca tive má sorte, pois o que Deus dá ou estabelece
> para mim, seja bom ou ruim, aceito-o alegremente
> como a melhor dádiva que poderia receber;"
> "Assim nunca tive má sorte."

"Você almejou que Deus me fizesse feliz."
"Pois meu único desejo é viver conforme a Vontade Divina."
"Eu submeto tão completamente minha vontade à de Deus
que o que Ele quiser, eu desejo também."
Mas se o Senhor quisesse atirá-lo ao inferno,
disse o douto homem, o que você faria?
"Atirar-me ao inferno? Sua bondade não permite!"
"Mas se Ele me lançasse ao inferno, eu teria dois braços para abraçá-lo."
"Um deles é a verdadeira humildade que eu estenderia por baixo Dele,
ficando assim unido à Sua Divina Clemência."
"E com o braço direito, que está enlaçado à Sua Santa Divindade,
eu o envolveria de tal forma que Ele teria que ir comigo para o inferno."
"E preferiria estar no inferno com Deus a estar no Céu sem Ele."

O sábio compreendeu que a verdadeira renúncia com total humildade é o caminho mais direto para se chegar a Deus.

Algumas frases profundas procedentes da privilegiada sensibilidade do mestre Eckhart:

"Quando tem um homem mera compreensão?" Respondo: "Quando um homem vê uma coisa separada da outra." "E quando está um homem além de toda compreensão?" Eu vos digo: "Quando o homem vê o Todo em Tudo, o homem está além de toda compreensão."

Comentário: nesta resposta breve vemos a elevada visão que o místico possuía, pois a simples visão de que tudo é separado de tudo, não é a verdadeira compreensão e, sim, aquela em que vemos que Tudo é Tudo! E não pode ser de outra maneira.

Uma outra citação de Eckhart que tem o sabor do Zen:

Qualquer pulga, estando em Deus, é mais nobre que o mais alto dos anjos em si mesmo.

Comentário: nesta frase, ele destaca bem os dois eus que existem em nós, o 'eusinho, reizinho tolo, que se julga senhor das coisas que possui' e o **Eu** verdadeiro que é Eterno; é a presença **Daquilo** que muitos teimam em chamar de **Deus**. Como se Ele na sua grandeza pudesse ter nome. Mas isso pouco importa diante **Dele**.

O meu Eu interno saboreia as coisas não como criaturas, mas como uma dádiva de Deus. Mas o meu Eu mais recôndito [*atman* dos hindus, mônada de Leibnitz, Eu Superior dos teósofos, ou espírito dos cristãos] saboreia não a dádiva divina, mas a Eternidade.

Vamos a esse outro pensamento:

> Portanto vos dou outro pensamento, que é ainda mais puro e espiritual: no reino dos céus tudo está em tudo, tudo é uno, e tudo é nosso.

Quanto ao chamado amor, ele expressa a sua clara opinião ao dizer:

> O Amor (o amor sensível das emoções) não unifica. Na verdade, ele une no ato, mas não une na essência.

E vai mais além ao declarar:

> Esta identidade fora do Uno, dentro do Uno e com o Uno é a fonte, a origem e o desabrochar de um **amor** flamejante.

Ou como ele se refere à 'posse' das coisas:

> Enquanto eu for isto ou aquilo, ou tenha isto ou aquilo, não sou todas as coisas, nem possuo todas as coisas. Torna-te puro até que não tenhas isto ou aquilo; então serás onipresente e, não sendo isto ou aquilo, serás todas as coisas.

Comentário: Eckhart refere-se claramente, na citação acima, à importância do desapego. Sem ele não estaremos suficientemente abertos para percebê-Lo com toda a Sua pureza que não pode nos possuir se estivermos repletos de conceitos, julgamentos, aprovações ou reprovações, dessas 'coisas' como mestre Eckhart declara. Em última análise, para que Deus, *Brahman*, *Adonai*, *Allah*, Buda possa preencher-nos, temos de estar vazios. Pois **Ele** é sutilíssimo, a mais sutil de todas as coisas, um vácuo pleno que só se manifesta em nós se prepararmos o nosso veículo para isso. Temos que nos esvaziar a fim de que **Ele** possa se apossar de nós. Dessa forma, tudo será diferente, como atestam todos os profetas, santos, *sadhus*, *bodhisattvas*, *imãns*, *tirtankaras*, e os verdadeiros místicos de todas as épocas e culturas. O objetivo deste livro é apresentar um panorama unitivo da experiência mística nas principais religiões do mundo e na Poesia verdadeira que flui através dos 'verdadeiros' poetas. Um assunto que será tratado no Capítulo 8, com evidentes falhas, pois ainda está por ser escrito o livro sobre a mística na poesia do mundo. Muitos poetas passaram anonimamente e só deixaram a sua presença na memória de poucos. Muitos nunca escreveram e sim nas suas vidas eram verdadeiros místicos. O que apresentamos é apenas um ramalhete de flores que são infinitas na realidade. Mas ao sentirmos o 'perfume' delas poderemos ser tocados por aquilo que está além das palavras que é a verdadeira poesia. Algo que é sentido na Mística de todos os povos.

Para terminar este capítulo dedicado à mística cristã, cito passagens extraídas das jóias de uma religião plena de tantas jóias. Tenho em mãos neste momento e com todo o respeito o trato, uma primeira edição das obras do carmelita São João da Cruz, editada em 1619.

Comecemos com trechos das Canções: "em que canta a ditosa alma a ditosa Ventura, que teve de passar pela escura Noite da Fé, desnudo e em Purgação sua para a União com o Amado."

Comentário: só nesse subtítulo temos material para uma abundante meditação. Em primeiro lugar está o canto da feliz alma pois não há alegria maior do que a do encontro. Esta é a maior ventura que podemos ter. Mas para isso temos que passar "pela escura Noite da Fé". Se não começarmos a sentir algo, uma atração pelo mistério dentro de nós, a ânsia da solidão e o ímpeto de um encontro com algo que não conhecemos, nada é possível. Esta é a "noite negra" da alma como São João da Cruz a chama, uma penitência que devemos suportar com determinação (*vyria* para os místicos da Índia) e que é o começo da Fé. Nela, com o seu calor, ela é forjada. Devemos estar completamente desnudos, no sentido psicológico do termo, de idéias, do passado, ou da esperança por um futuro. Para isso se dá a "purgação", ou seja a eliminação gradual das nossas impurezas e fraquezas, que os hindus chamam de *kleshas*.

Continua o poeta-místico:

I

Ó ditosa Ventura
Saí sem ser notada
Estando já a minha casa tranqüila.

Comentário: que grande sorte (ventura) foi isso ter acontecido; contudo, notem, para que nada nos impeça. "Saí sem ser notada"; é necessário 'arrumar' a nossa casa, ou seja, os nossos corpos do mais denso ao mais sutil. Caso isso não ocorra, estaremos presos e não poderemos alçar o grande vôo da vida espiritual.

Voltemos ao poema:

II

Às escuras e segura
Pela secreta escada disfarçada,
Ó ditosa ventura,
Às escuras e cheia de zelos,
Estando minha casa tranqüila.

Comentário: há uma escada, uma senda, que está "disfarçada" e que se revela quando os nossos olhos espirituais se abrem. E a alegria (ventura) é intensa; temos, entretanto, que caminhar ainda em plena escuridão e cheios de cuidados (com plena atenção) desde que a nossa casa esteja tranqüila. Se isso não tiver acontecido, é impossível essa ascensão no Monte Carmelo como São João da Cruz fala.

III

Na ditosa Noite
em segredo que nada me via
Nem eu olhava coisa alguma
Sem outra luz, nem guia,
Somente a que no meu coração ardia.

Comentário: a noite da vida espiritual é maravilhosa, pois ninguém nos vê nem olhamos coisa alguma. O único guia, a única luz é a que está no nosso ardente coração.

IV

Aquilo me guiava,
Mais certo do que a luz do meio-dia
Onde me esperava,
quem eu bem não sabia.
Pois, na verdade, a nada parecia.

Comentário: no meio da plena escuridão 'algo' nos guia tão 'claro' como a plena luz do meio-dia. Mas o místico afirma que Aquilo a nada parecia. Nem podia parecer, pois é algo completamente novo para nossa sensibilidade e só se manifesta quando em nós nasce a consciência cósmica.

V

Ó maravilhosa Noite que guiastes:
Ó Noite amável mais que a alvorada:
Ó Noite que juntastes o
Amado com a Amada
A Amada no Amado transformada.

Comentário: nestes versos, o poeta-místico conta-nos o extraordinário poder emanado dessa 'noite' que simboliza o fim dos dualismos, de todos os obstáculos que nos impedem a visão da Realidade tal qual ela é. A noite dos nossos sentidos, das nossas vãs expectativas, de tudo o que é sonhado. Tudo isso tem que desaparecer, ou ser colocado no seu lugar, a fim de que ocorra o inefável encontro do 'Amado' com a 'Amada', do *yin* com o *yang* na visão arcaica do Taoísmo. Desse mágico encontro nascerá então a alvorada de uma nova vida.

VI

Em meu florido peito,
que inteiro se guardava somente para Ele

Ali permaneceu adormecido
E eu o aconchegava,
E o balouçar dos cedros o ar lhe dava.

Comentário: o 'florido' peito é a maneira simbólica pelo qual o místico se refere ao cerne do nosso Ser que, 'adormecido', ainda aguardava o sagrado momento onde se dá o Alvorecer da Vida Espiritual. E lá no fundo de todos nós 'Ele' — o Eu Supremo — é por nós inconscientemente 'aconchegado'. Mas, para que Ele pudesse respirar novamente, o poeta-místico fala do suave 'bálouçar' dos cedros. Quem são esses enigmáticos 'cedros' que permitem que Ele respire? Simbolicamente são os nossos represados anseios, as nossas mais puras aspirações que, mesmo 'inconscientemente', temos reprimido sob a forma de condicionamentos hereditários ou impostos pela sociedade. Apesar de todas essas 'barreiras', do balanço ritmado desses cedros provém o 'ar' — novamente outro símbolo — que mantém vivo o cerne da nossa vida espiritual.

VII

O perfume suave e doce
quando os seus cabelos eram tocados
e que com sua mão serena
ao meu colo feria,
e todos os meus sentidos suspendia.

Comentário: desse Ser adormecido em nós, mas vivo a todos os instantes, emana um doce e suave perfume quando perpassa os seus 'cabelos' — outra forma metafórica de descrever o inefável — e que o meu 'colo' (seio profundo), âmago, recôndito, sacrário são palavras, toques de 'pincel' com os quais o poeta-místico São João da Cruz tenta induzir o seu leitor atento. Desse 'toque' provém a suspensão dos nossos sentidos, o que não significa, em absoluto, a sua supressão, mas, sim, o seu apaziguamento.

E agora as palavras do Santo ao descrever, no Prólogo de sua magistral e eterna obra, como se dá esse encontro do Amado com a Amada.

> Para declarar e dar a entender esta Noite Escura pela qual passa a alma para chegar à Divina Luz da União, perfeita do amor de Deus, que pode ocorrer nesta vida, era mister uma outra maior luz de ciência e experiência, que a minha. Porque são tantas e tão profundas as trevas e os trabalhos espirituais como corporais que têm de passar as ditosas almas para poder chegar a este citado estado de Perfeição que não basta a ciência

humana para poder compreender, nem a experiência para descrever. Porque só aquele que por ela passa poderá sentir, mas não dizer. E, portanto, para tratar algo desta Noite Escura, não me fiarei nem na experiência, nem na Ciência, porque tanto uma como a outra podem faltar e enganar. Só a divina Escritura, pela qual nos guiamos, não pode errar, pois Ele que nela fala é o Espírito Santo.

Comentário: nesse intróito São João da Cruz declara humildemente as limitações da ciência e da sua experiência para poder expressar essa Luz Divina da União perfeita do amor de Deus. Neste ponto ele é transformado no iogue que busca atingir o *samadhi* que se dá quando essa união (*Yoga*) é alcançada. E ressalva, como um fiel seguidor da Bíblia, que só Ele — o Espírito Santo — poderá ajudar-nos neste grande 'salto'. Esse Espírito Santo é a sabedoria Eterna encoberta pelos véus de nossa ignorância que, no momento em que a nossa 'casa' está pacificada emerge subitamente. Um salto que no Budismo é expresso no verso (*haikai*) mencionado de mestre Basho, citado neste livro, quando, pictoricamente, Ele descreve esse mergulho na 'escura noite' dos nossos sentidos e simbolicamente o faz, colocando-nos na posição de uma hesitante rãzinha, na dúvida entre saltar ou não em um poço escuro (nosso interior) que, por fim, resolve e salta:

O velho poço...
e a rã nele saltando
o som **splash**!

Essa onomatopaica palavra *splash* diz tudo o que as palavras não podem transmitir, aquilo que está além da mente envolta nas trevas da ignorância. *Splash* é a grande transformação que se dá no êxtase do encontro da Criatura com o Seu Criador. É a Libertação, a Salvação, a Iluminação, o instante em que caem as vendas que recobriam os nossos olhos e quando podemos ver as coisas como elas são. É o momento mágico quando se dá o Alvorecer da Vida Espiritual, do dia eterno, em que tudo muda de eixo. Ou, na visão de São João da Cruz, alcançamos o pico do Monte Carmelo que está dentro de nós. E quando isso ocorre, as palavras, meros 'rótulos', são incapazes de transmitir a vivência dessa experiência Suprema; apenas a poesia ou a música inspirada podem transmitir a vivência para os que tiverem sensibilidade aguçada.

Continuando com a transcrição do Prólogo da obra que estamos comentando, São João da Cruz diz:

...Para a qual me movimentou não a possibilidade que vejo em mim para coisa tão alta e árdua, a não ser a confiança que no Senhor tenho, que me ajudará a dizer algo devido a muita necessidade que têm muitas almas,

> as quais começando o caminho da Virtude e querendo o nosso Senhor nos pôr nesta Noite Escura, para que por ela passem a divina União, muitas vezes elas não passam adiante; às vezes por não quererem entrar, ou deixar que nela entrem. Às vezes por não entenderem e lhes faltar Guias (mestres, instrutores) idôneos e que possam levá-las com destreza até o cume. E assim é uma lástima ver muitas almas a quem Deus deu o talento e condições para passarem adiante, que, caso se animassem, chegariam a esse elevado estado, ficarem numa posição tão baixa para tratar com Deus [com ele se relacionarem], por não quererem ou não saber, ou não terem quem lhes ensine a se dedicar a esses princípios.

Comentário: por aí vemos a importância desses seres (homens e mulheres ou seres invisíveis) que nos estimulam a encontrar o nosso verdadeiro caminho. É fundamental que tenhamos a determinação firme para esse Supremo intento. Todos temos condições para isso. O místico acentua a importância do mestre, do guru da velha tradição indiana, que nos abre o caminho para o pico do **Monte Carmelo** que dentro de nós está geralmente envolto pelas névoas da nossa própria ignorância ou do nosso *karma*. Esses mestres estão sempre tentando nos mostrar o caminho e nos estimulando para que não esmoreçamos no nosso intento.

Em pleno século XVII, São João da Cruz reconhecia a dificuldade da sua missão, e para isso Ele dedicou as suas palavras nessa maravilhosa obra a uns poucos para que neles fosse estimulado esse desejo de união com o Divino. É isso que Ele afirma no final do maravilhoso Prólogo do livro que estamos comentando. São as seguintes as suas palavras de encerramento:

> Não é o meu intento falar para todos e, sim, para algumas pessoas de nossa sagrada religião dos Primitivos do Monte Carmelo, aos Monges e às Monjas, pois eles me pediram: a quem Deus teve a misericórdia de os colocar nesta senda deste Monte. Os quais como estão desnudados das coisas temporais deste século, entenderão melhor esta Doutrina do Desnudamento do espírito.

Comentário: agora, passados quatrocentos anos dessas palavras proféticas, vivemos num mundo muito mais conturbado, onde muitas almas anseiam pela libertação, por uma paz que não encontram no seu conturbado dia-a-dia. Acredito que é para esses 'monges' e 'monjas' que essas palavras são necessárias, envoltas na compaixão suprema de todos os Grandes Seres que nesta Terra trilharam um caminho e deixaram seus exemplos e suas presenças. O 'desnudamento' é fundamental com relação às coisas temporais.

9

A Mística Sufi no Islamismo

Na religião Islâmica, nascida seis séculos depois do Cristianismo, a figura central é um humilde pastor chamado Maomé, que foi tocado por Deus e recebeu no deserto, enquanto cuidava do rebanho, por inspiração direta — o que caracteriza o verdadeiro místico — o texto básico que iria constituir o livro sagrado *O Alcorão*, que tem alimentado a fé e os costumes de bilhões de seres humanos. A essência mística, a alma do Alcorão foi sentida e transmitida pelos chamados sufis, a maioria deles poetas, que, até hoje, em ondas sucessivas, mantêm aceso o Islamismo.

Trazemos aqui o testemunho de vários deles valendo-nos de traduções feitas do árabe para línguas ocidentais. Começamos com a apresentação de quatorze poemas de Jalaluddin Rumi (1207-1273), que recebia inspiração nos locais mais diversos. A poesia vertia de seus lábios pura, assim como de uma fonte provém a água subterrânea.

Não te **lamentes** em vão. Pois tudo que **perdeste** voltará
numa outra forma **transformada**. Assim como uma criança
alimentada pelo leite materno agora bebe vinho com mel misturado.
A **alegria** de Deus nos toca e se move de uma caixa sem marcas
para outra caixa sem qualquer marcas,
passa de uma célula para outra célula
assim como a gota d'água flui para o canteiro de flores.
Assim como as rosas nascem do áspero chão
Deus ora **aparece** como um prato de arroz e peixe,
ora sob a forma de um penhasco coberto de vinhedos
Ou como um cavalo que está sendo selado.
Mas a sua alegria **esconde-se** dentro de todas essas Formas
até que um dia **explode** e se abre.
Parte do nosso Ser **abandona** nosso corpo quando dormimos
e de formato muda. Podes então certamente dizer,
Na última noite fui um cipreste ou um pequeno canteiro de tulipas,
um campo cheio de videiras ou qualquer coisa mais.
Então subitamente o fantasma se vai.

E quando menos esperas estás de volta ao teu quarto.
Não pretendo que **fiquem** com medo
por favor ouçam o que está por trás das minhas palavras.
La ri lá lá, La ri lá lá, Lá ri lá lá eu canto
Há uma luz dourada resplandecendo no trigal ao Sol
e no ouro do pão feito com aquele trigo.
Eu nada tenho de meu. Estou somente falando acerca deles.
Assim como uma cidade no deserto olha para cima
para as estrelas luzindo numa noite clara,
Que não pertencem a **ninguém**...

Comentário: neste poema podemos notar a presença de diversas palavras-chave. A primeira é a expressão **lamentes** que é o normalmente feito por todo ser humano quando deseja algo e não alcança. Nasce então a lamentação ou o choro em situações extremas. Temos a considerar a palavra perdeste indicando alguma coisa que nos foi tirada sob circunstâncias as quais não tivemos controle. O poeta afirma-nos que tudo voltará mesmo que seja de outra forma. Não há pois motivo para desespero. Só que agora estará **transformada**. Outra palavra é **alegria** uma expansão ilimitada que vem do fundo de nós a todos os momentos. Referindo-se a Deus, o poeta diz que Ele **aparece** nas mais diferentes maneiras, pois Ele se **esconde** em todas as coisas. Onde quer que nos movamos Ele lá está, até que um dia **explode,** como uma erupção vulcânica inesperada, e **abandona**, afasta-se, distancia-se de nós e percebemos que nos transformamos em uma infinidade de coisas. O poeta acalma-nos quando diz "não pretendo que fiquem temerosos", pois o que se passa é absolutamente normal quando surge em nós uma consciência alargada da realidade que nos cerca. Tudo é então normal.

No verso a seguir, Rumi fala sobre uma percepção da elevação de consciência que poderemos atingir em meio às coisas do cotidiano. Ele diz:

Manhã: a lâmina polida de uma faca
o cheiro doce da cânfora sendo queimada.
O Céu rasga o seu manto azul dos sufis
pela metade.
A luz do dia leva a sua escura sombra
para fora da visão.
Chega um turco feliz
Um lamentoso hindu parte.
O Rei dos Etíopes vai.
Cesar chega.

Ninguém sabe como isso muda
constantemente muda.
Metade do nosso planeta é coberto de capim
a outra metade de pastagens
Agora uma pérola sem preço é leiloada
Mas ninguém tem suficiente dinheiro para comprá-la
deste modo a pérola se compra a si mesma.
Estamos neste momento ao lado de Noé, David e Rabia
de Jesus e Maomé.
Novamente em nós a paz se eleva fazendo
que o sangue nas nossas cabeças deslize suavemente
para o céu que está em nosso cérebro.

Comentário: depois de toques poéticos descrevendo a paisagem e personagens em Rumi "novamente a paz se eleva" e com isso o sangue desliza suave para o céu que está onde sempre esteve, no nosso cérebro. Só que a maioria de nós não percebe isso. Mas a presença dos grandes Mestres que ele cita faz com que isso se torne numa realidade.

Em outro poema místico, Rumi nos fala da grande unidade da qual fazemos parte:

Quando as uvas em vinho se tornam
elas têm saudades da nossa capacidade de mudar.
Quando em silêncio as estrelas revolvem nos céus
em torno do Pólo Norte, as mesmas estrelas
estão desejosas de que ocorra a nossa crescente
ampliação de consciência.
O vinho em nós se embriaga
e não ocorre de outra maneira.
Pois o corpo se desenvolve fora de nós
e não nós partindo dele.
Nós abelhas somos
e nosso corpo é uma colméia
nós vamos fazendo
o corpo, célula a célula.

No poema que se segue, Rumi chega à consciência da existência de uma porta interna que, se nela batermos, irá se abrir. É o portal que nos levará ao mundo extraordinário da consciência cósmica presente em todas as coisas. Eis o poema:

Totalmente cônscio e a propósito de nada Ele vem me ver
Pergunto eu: haverá alguém aí fora?
A Lua. A Lua cheia está dentro da tua casa.
Meus amigos e eu corremos pela rua,
Estou aqui! chega uma voz vinda de uma casa
mas nós não a estamos ouvindo.
Pois estamos apenas olhando para os céus.
Meu pequeno rouxinol soluça como um bêbado no jardim.
Pombos esvoaçam dando pequenos gritos, **onde, onde**?
É meia-noite. Toda vizinhança está acordada no meio da rua pensando
o gato-ladrão está de volta.
E o verdadeiro ladrão também lá está dizendo em alta voz
Sim, o gato-ladrão está em algum lugar no meio da multidão.
E ninguém lhe da a mínima atenção.
Veja, **eu contigo sempre estou**, significando
que quando para Deus olhares
Deus é o olhar dos teus olhos,
e está no pensamento de quem olha, mais próximo de ti que ti mesmo,
ou das coisas que te aconteceram.
Não há necessidade, portanto, de ires para fora
Trata de ser como a neve que derrete
que se lava a si mesma.
Uma flor branca nasce na quietude;
Que as tuas palavras se tornem nessa Flor.

Comentário: a chave das chaves deste magnífico poema está no seu fecho, quando o poeta afirma: "Uma flor branca nasce na quietude; Que as tuas palavras se tornem nessa Flor." Ou seja, quando em nós nasce aquela Paz que ultrapassa o entendimento humano algo como uma flor branca irá nascer, e a sua 'voz' dirá tudo que deve ser dito.

Neste poemeto, um verdadeiro *haikai* japonês, Rumi afirma:

Tenho vivido no limiar da insanidade,
querendo conhecer razões
Batendo numa porta. Que se abre.
Eu estava batendo do lado de dentro!

Comentário: é loucura completa querer conhecer as razões que estão por trás das coisas que nos acontecem, pois detrás delas estão causas e efeitos que vêm desde toda Eternidade, quando começamos a nossa marcha em direção ao Eterno. Ou a Deus se quiserem usar essa palavra tão desgastada. E ficamos batendo, batendo, dentro de nós, em portas que se abrem quando são batidas de fora. Ou seja num outro estado de consciência completamente diferente do nosso estado egoístico normal.

Já no próximo poema, Rumi abre o seu canto para o universo onde vivemos. Ouçamos o seu canto livre nas palavras que se seguem:

Esquece a tua vida. E diga **Deus é grande**. Levanta-te!
Pensas saber o que o tempo é. Pois saibas agora é tempo de rezar.
Esculpistes tantas figurinhas, demais.
Não batas por pura sorte, em qualquer porta como um mendigo.
Estica tua longa mão até uma outra porta, além da rua em que vais.
Numa rua onde alguém pergunta "Como estás passando?"
E onde ninguém diz "como tens passado?"
Amanhã verás o estrago que fizestes, quebrando
e rasgando na noite passada.
Dentro de ti há um artista que ainda não conheces.
Ele não está interessado em saber como as coisas
parecem ser diferentes ao luar.
Se aqui estás sem teres qualquer fé em nós,
estais causando um irremediável dano.
Pois se abrires o teu coração para o amor de Deus,
estarás auxiliando pessoas que não conheceis
pois nunca as vistes.
Será o que digo verdadeiro? Diga Sim, rapidamente
se o souberes, se conheces Isso desde o começar
do universo.

Comentário: a primeira exigência que Rumi nos faz é que esqueçamos nossa vida. E afirmemos com toda convicção nascida de uma direta experiência que **Deus é grande**! E ao final nos diz, como um budista que fala da compaixão (*karuna*), ou um cristão com o seu amor infinito em Cristo, ou como qualquer místico das mais variadas religiões, que "estaremos auxiliando uma multidão de pessoas". Como isso é importante na nossa vida diária, onde quer que estejamos!

Vamos a outra pequeno poema de Rumi:

Oh! a constante música que de tudo parece vir
que não cessa nunca quer seja dia ou noite

Música pacífica, profunda vindo das entranhas
nascida de um simples junco entre tantos outros
próximos de um sereno lago.
Música que cresce e vai decrescendo
e com ela nós vamos desaparecendo.

Comentário: quando percebemos a música infinita que há em todas as coisas e com ela sintonizamos, vamos, pouco a pouco, fundindo-nos com a base de todas as manifestações.

Novamente o eterno tema da música retorna a Rumi quando ele afirma com toda a sua autenticidade:

Nós somos como uma humilde flauta que é por Ti tocada.
Também somos as altaneiras montanhas e vós os sons que nos atingem.
Como no jogo de xadrez, cada um é apenas simples peão,
torre ou o augusto rei.
Foste Tu que nos colocaste no tabuleiro da vida
e lá vencemos ou perdemos nos embates envolvidos.
Somos as imagens dos orgulhosos leões
que se enrolam ou desenrolam nas bandeiras
e é o teu invisível vento que nos leva pelo mundo.

No seguinte verso, Rumi fala-nos do 'encontro' que todos nós teremos um dia, quando tudo perde o sentido que lhes teimamos em dar:

Além, muito distante do mundo das idéias ou daquilo
que chamamos de ação correta e incorreta.
Ou do sim e do não
Há um campo vazio onde por fim Te encontrarei
Estarei então completamente sem idéias deitado na relva
pois o mundo é cheio demais de coisas para que dele possamos falar
Está recheado de idéias, clichês, linguagem, onde frase
Faz sentido algum...

Já no poema subseqüente, toda a alma de poeta-místico de Rumi comparece, quando ele descreve o mundo como nos parece ser, tal como ele é quando nele não interferimos:

Lentamente os bêbados estão oscilando, enquanto muitos outros,
ao vinho apegados, vêm em estranhas curvas
aproximando-se.
Os apaixonados, bêbados de certa forma, também vêm cantando

passando pelos imaginários jardins das suas mentes
e têm os olhos brilhantes.
Os que dizem sem pensar "não quero mais viver"
estão saindo
enquanto isso os que afirmam "eu quero viver"
estão ocupando os espaços.
Esses últimos têm ouro costurado nas suas roupas
para dar aos que nada têm.
Aqueles que muito amaram com as costelas cobertas
estavam pastando nos campos do amor
e estavam tornando-se gordos e brincalhões.
Como raios puros do Sol estão chegando a nós
os mais puros instrutores vindos de secretos lugares.
Como é extraordinário o jardim onde encontramos
maçãs e doces pêras em nome das duas Marias
que vêm chegando em pleno inverno.
Essas maçãs cresceram de uma Dádiva e de volta
nessa Dádiva mergulham
Isso deve ter como origem o fato de que
elas estão vindo de um Jardim para outro Jardim.

No poema seguinte, escrito no século XIII, Rumi tem uma visão da 'aldeia global' em que esse mundo-bola, como ele o chama, iria transformar-se com a explosão demográfica que vivemos. E vai além quando fala das notícias que hoje nos atingem no mesmo segundo em que os fatos ocorrem, pois estamos interligados, via satélite, com toda a terra onde vivemos:

Lá fora o deserto e a frígida noite.
Enquanto aqui dentro cresce morna e acalentadora
uma outra grande noite.
Mesmo que a paisagem a nossa volta seja uma crosta cheia de espinhos
aqui dentro temos um belo jardim.
Os continentes do mundo estão explodindo
e tudo se torna nas cidades grandes e pequenas,
ou simples lugarejos
em algo que parece uma estorricada e negra bola.
As notícias que a nós chegam estão cheias de dores
e lamentos neste futuro,
mas felizmente as notícias reais estão todas
dentro de nós
tranqüilas pois lá não há qualquer notícia.

No poema seguinte Rumi fala-nos daquele momento inesperado que nos possui repentinamente e faz com que sejamos tocados por uma outra Realidade. Quando o percebimento desse estado acontece, desaparecemos dentro de nós e nos fundimos com a **Tua Majestade**:

És ainda mais bela do que nunca
quando faz frio e a chuva cai incessantemente
E cada vez mais perto fico dos teus lábios
quando a neve suavemente vai caindo
És o interno segredo impercebido por todos
algo que é não-nascido e puro como uma virgem.
Sinto em Ti o frescor neste momento que me fundo contigo.
Não tenho como explicar como vais e vens constantemente
pois entras sempre inesperadamente e me possuis intensamente.
E então percebo claramente que não sou ninguém
Dentro da tua Suprema Majestade.

Vamos agora ao último exemplo da extraordinária poesia mística de mestre Rumi, quando ele nos diz sobre a insuficiência das palavras para expressar Aquilo que está além delas:

Para sempre seja louvada a vacuidade de que a nossa existência é feita.
Este lugar excelso que foi feito com todo nosso amor pelo vazio!
Entretanto algo nasce desse vazio e com isso essa nossa vã existência
vai aos poucos indo embora silenciosamente.
Louvado para sempre seja esse momento para sempre e sempre!
Durante muitos anos levei a minha existência sem o saber nesse vazio.
Mas, subitamente, num mágico instante, tudo termina
e estou por fim livre da presença e do infundado medo
bem como de uma furtiva esperança que teimava em se manifestar.
Diante de mim uma 'montanha' a ser galgada mas que quando a vemos,
no sempre presente 'aqui e agora', é apenas como um pedaço de palha
que está sendo suavemente soprado nesse Vazio que tudo é.
Perdoem, mas as palavras que profiro vão perdendo significação.
Existência, montanha, vazio, palha.
São apenas simples palavras que tentam e não conseguem nada dizer
e vão sendo varridas pelas 'janelas' e caindo no chão onde desaparecem.

Leremos, agora, sete poesias-místicas de Kabir (1440-1518) cujo nome significa o "Grande Ser". Foi um tecelão de rara sensibilidade e bondade a ponto de ser considerado como um santo entre os hindus e os muçulmanos. Uma 'ponte' que está acima das diferenças e procura superá-las com a sua suave poesia. Vejamos:

Há uma espécie de balanço
colocado pela mente entre o consciente e o inconsciente.
Nesse balanço todas as criaturas da Terra,
sejam elas mesmo as esplendorosas estrelas,
Vão para lá e para cá e nunca se chocam nos seus caminhos.
Seres humanos, animais e bilhões de insetos sem esquecer o Sol e a Lua.
Bem como os tempos que passaram estão sempre indo e vindo
e tudo continua nesse eterno balançar.
Neste vasto universo tudo oscila, tudo vibra, o Céu, a terra,
a água e o fogo
enquanto isso uma coisa doce secreta vai crescendo
dentro dos seus corpos
e isso faz deles que sejam reais servidores para todo o sempre

Comentário: que maravilhoso elixir é o que brota do nosso corpo e nos transforma dos seres massificados que somos em reais servidores dessa grande obra!

Passemos ao segundo exemplo:

Dentro deste simples jarro de barro
existem verdejantes vales e montanhas
onde mora Aquele que o fez.
Dentro deste mesmo humilde vaso
lá estão os sete grandes oceanos
inumeráveis estrelas bem como
o ácido para testar ouro
e um paciente avaliador de jóias.
Dentro deste quebradiço jarro
está toda a música que flui da Eternidade
e uma perene fonte de onde fluem todas as águas.
Kabir disse: ouça dentro desse jarro
lá vive o meu amado mestre!

Comentário: amigo leitor, esse jarro é cada um de nós. Procura e o mestre Eterno que lá vive revelar-se-á no teu dia-a-dia e tudo mudará.

No poema seguinte, novamente, Kabir enfatiza a 'presença' que está em nós e que não percebemos pois estamos completamente adormecidos.

"Estarás olhando fixamente para mim? E não me consegues ver.
Mas ao teu lado sempre estou sentado à espera que me sintas.
O meu ombro está encostado ao Teu.
Não me procures em *stupas**, templos, igrejas, sinagogas,
nem em imponentes catedrais, pois lá não moro constantemente.
Nem entre as massas humanas, nem nas asanas complicadas do *Yoga*.
Nem em jejuns prolongados ou em comeres somente vegetais.
Quando realmente para mim olhares, o que é raro,
me encontrarás instantaneamente.
E me encontrarás também no menor ser que vive no tempo e no espaço.
Kabir pergunta: diga-me, neófito, o que é Deus?
E responde: Ele é tudo e o sopro contido na tua respiração.

No próximo poema Kabir transforma-se em um músico e faz uma comparação entre o ser humano e um instrumento musical.

Amigo meu, considera o teu corpo como sendo um alaúde.
E ao tocares as suas cordas poderás executar
as suas maravilhosas canções.
Mas se as cordas forem partidas ou as suas cravelhas se afrouxarem
este teu alaúde, que é feito de pó como todas as coisas,
a esse pó irá retornar.
E Kabir conclui: e ninguém nunca mais
poderá vibrar nele
a música celestial que em tudo está contida.
Tenho seriamente pensado na diferença que existe
entre a água e as ondas que dela surgem.
Ondas que se elevam da tranqüila água
e vão caindo a sua volta.
Será que a pessoa que criou a palavra 'onda'
distinguiu essa palavra da água que é a sua origem?
Com certeza afirmo: Há um Secreto Ser
dentro de todos nós,
e nós, como os planetas e todas as galáxias,
passamos pelas Suas mãos como contas de um rosário.
É para esse cordão de infinitas contas
que devemos olhar com nossos olhos luminosos.

---

* Templo budista. (N. ed. bras.)

Comentário: percebam a expressão 'olhos luminosos', que são completamente diferentes dos nossos olhos comuns. Os 'luminosos' percebem além do que vemos.

E, finalmente, um poema onde Kabir fala-nos Daquele que fez todas as coisas, em quem vivemos sem o saber.

Oh estudante, tens que te purificar
para saberes que dentro de uma simples semente
está o futuro de um alto castanheiro.
E mais, dentro dela, há as florescências
que virão na árvore
e as nozes que produzirá e a sua espessa sombra.
Se não ansiares pelo secreto Ser oculto em ti
não terás a terra, nem o fogo, ar, água ou o espaço
e tu nunca terás a eles também.
Peço, pensadores, que me contem o que sabem
daquilo que dentro da alma não está.
Tomem um vaso cheio de água
e o mergulhem dentro da água.
Agora a água está dentro e está fora.
Mas não poderemos entretanto dar-lhe um nome
pois logo as tolas pessoas começarão a
tagarelar sem fim.
Que logicamente existe um corpo e uma
alma dentro dele.
Sei que estás querendo saber a Verdade
e o som secreto ouvir,
o som real que está em ti.
Aquele som de quem ninguém fala
pois esse secreto som em si mesmo
é Aquele que faz todas as coisas à nossa volta.

Chegamos agora a uma mulher que é considerada pelos hindus como uma santa. Trata-se de Mirabai (1498-1546). Foi uma poetisa de rara sensibilidade, uma personalidade profundamente mística que vivia mergulhada em elevadas dimensões de consciência. Aqui estão três exemplos dessa sensibilidade.

A escuridão do Ser das Trevas havia penetrado no meu corpo
e com isso todas as outras cores desapareceram completamente.
Ao me entregar ao Ser das Trevas e pouco me alimentando
eram as minhas únicas pérolas e pedras preciosas.

As minhas cicatrizes e os meus anéis são as pedras do meu rosário.
Aquilo para mim parecem ser as astúcias femininas.
Isso foi o que o meu instrutor me ensinou.
Podem ser a favor ou contra, mas eu todo os dias louvo
a infinita energia da Montanha.
E sigo a senda que seres humanos que atingiram o êxtase
seguiram durante séculos.
Eu nada roubo, e a ninguém faço mal e, portanto, de que me acusam?
Eu já senti o sacolejo de estar montada num elefante
e agora queres que monte num asno...
Eu te suplico, por favor, tenta ser sério...

Comentário: no verso "ao me entregar ao Ser das Trevas", Mirabai demonstra ser profundamente humana uma vez que sucumbiu aos prazeres fugidios da vida. Mas apesar de todas as fraquezas, que são também nossas, ela louva 'noite e dia a Energia da Montanha'. Aqui temos, sob a forma alegórica da Montanha, o nosso Eu Superior, o verdadeiro, o eterno, que ela sentia dentro de si no pico da montanha que existe em nós. O sacolejo dos ombros dos elefantes representa a vida de todos os dias dos seres humanos. Entretanto ela se recusa a montar em um asno, quer dizer, na natureza inferior e voltar a sua vida antiga depois de ter o percebimento da montanha. E termina com um patético apelo: "por favor, tenta ser sério".

No seguinte poema, chamado "As nuvens", mostra toda sua santificada sensibilidade diante das 'nuvens negras' que nos cercam. É o seguinte:

Choro copiosamente ao ver as nuvens negras.
Oh Ser das trevas, eu choro diante delas.
Essa nuvens negras que no céu se elevam
e algumas são de tons amarelados.
É o prenúncio que a chuva está vindo e longamente cairá.
Há agora água por todos os cantos, e os campos estão verdes.
Mas aquele que verdadeiramente amo está além desses campos.
Em mim a chuva encharcou o meu corpo, os cabelos
à medida que ansiosa por Ele espero.
E sinto que a Energia que sustenta as montanhas
é a mesma Energia diante da qual Mirabai se prostra.
Pois Ele eternamente vive sem alterações
e isso Senti na minha carne.

Comentário: quando Mirabai afirma 'Senti na minha carne', ela dá o testemunho de sua experiência vivencial, ao sentir permanente em si essa 'Energia que sustenta as montanhas'.

Por fim outro testemunho dessa presença viva Daquilo que está em nós e que também poderemos um dia sentir.

Amigos meus o que podeis dizer sobre o Amor?
Seus caminhos Seguem estranhas curvaturas.
Quando te entregas completamente ao Supremo Ser
no primeiro momento o teu corpo é esmagado.
A seguir terás que oferecer a tua própria cabeça
para que nela Ele se sente.
Prepara-te para, como uma mariposa circular atraída
pela sua resplandecente Lâmpada,
Te sacrificares queimando nessa Luz!
E terás que viver como uma gazela quando atende
o chamado do caçador.
Ou como uma perdiz que ao engolir carvões incandescentes
o faz pelo seu amor à Lua.
Ou como um peixe ao se debater na terra, longe do mar,
mas que morre feliz.
Ou então serás como uma abelha colhida por uma flor que se fechou.
Mirabai se ofereceu completamente ao Senhor
e ela sabe que o perfumado **lótus**
a irá engolir completamente. E isso é a culminação de sua pequena vida!

Temos agora a oferecer cinco poesias místicas de Ghalib (1797-1869):

A Alegria suprema de uma humilde gota de chuva
é a de entrar no rio de onde um dia veio.
E o mesmo ocorre com uma insuportável dor
quando ela é o caminho para a nossa cura.
Quando viajas distante do sofrimento, as tuas lágrimas
em suspiros se transformam.
Deste modo vamos aprendendo como a água no ar poderá morrer.
Quando as pesadas nuvens de chuva se dispersam
não será que elas choraram até o fim?
Se quiseres ao milagre conhecer da maneira como
o vento dá polimento a um espelho,
olhai com atenção como o resplandecente vidro reflete
o verdor da primavera.
E saiba amigo que é a rosa no seu desabrochar

que cria em si o desejo para ver.
Pois em cada cor, em cada momento,
os olhos poderão se abrir e ver o que até eles chega.

Comentário: Ghalib aqui nos fala do 'desabrochar' da sensibilidade para ver as coisas pela primeira e pela última vez. Tais como elas verdadeiramente são sem a interferência dos nossos condicionamentos, da nossa memória que deforma completamente o que é.

No seguinte poema, Ghalib oferece-nos novamente um exemplo dessa ativa participação da criatura com o Criador do qual é uma parte esquecida desse fato fundamental. É quando ele diz:

Nada mais é, o mundo, do que a maravilhosa face do Bem Amado.
Nós existimos apenas a fim de conhecer a Sua própria beleza.
Em cada lugar, em cada momento, está sendo cantada
a eterna canção do ser e do não-ser.
Sem qualquer razão plausível, o polido espelho
reflete a loucura e a sabedoria.
Aqueles que afirmam conhecer as coisas
estão completamente errados, pois a ansiosa prece
só leva a um ilusório transe.
Saiba que a aparência e a pseudofé meros abrigos são
de um Desconhecido Vinho.
Quando por fim encontramos uma marca, uma pegada
naquele punhado apenas de pó de algo que o tocou
está mantida toda a unidade dos mundos.
Esta simples e humilde terra ao ouvir o seu Nome
é tão certa disso como o Amor que faz o céu se curvar para baixo
onde estamos.
A fim de dar com toda plenitude da alegria as boas-vindas à própria Luz.

Comentário: descobrir a marca, a pegada, é mais importante do que a ansiosa prece que 'só leva ao ilusório transe'. A marca é uma presença de algo que nos toca e onde vemos aquela 'unidade dos mundos'. Passamos agora a outro poema:

As cores das rosas e das tulipas são diferentes,
mas em cada uma delas a Primavera se afirma.
Procuramos ansiosos na nossa memória substitutos para o Amor
pois temos sempre em nós um pretexto para encontrar novas coisas.
Por que o homem triste bebe?

E eu mesmo, noite e dia, elevo o meu hipotético copo.
Na hora do esquecer muitos buscam no vinho tal esquecimento
outros preferem a prece e voltam-se para o Chamado oculto.
Quero ser claro, de qualquer modo que elevemos nosso cálice
o mundo está sempre girando.
Mas somente os que verdadeiramente sabem
estarão para sempre impregnados na sua embriaguez como
o 'vinho' do ser.

Comentário: neste poema Ghalib joga com a palavra 'embriaguez' em seu duplo sentido. A física, do vinho e a espiritual, do Vinho do Espírito que nos revela a realidade tal como ela É.

Mais um poema do admirável Ghalib, o Sufi Muçulmano, que diz:

Quando rezamos nossos olhos para dentro estão voltados
E a porta do sacrário está fechada e não nos damos conta disso.
Pois temos as nossas costas para ele viradas.
Mas o Um é somente o Um e qualquer pessoa
sabe disso.
Que imagem poderia refleti-lo tal como ele verdadeiramente é.
Mas a tristeza presa em nós, muda, machuca profundamente
nosso coração.
E, como uma gota que o rio não atinge, somos engolidos pelo pó.
É apenas um simples conto de amor a história
que nos faz chorar lágrimas
em vez de sangue.
Tolo é aquele que não pode ver em todas as partes o Todo
e esquece que Ele existe em Tudo.
Sede como um homem sábio
que ao beber água do Rio Tigre
está sentindo-o em cada pequeno gole.

Comentário: Ghalib sabe, pois o sente em si, que somos parte de um Todo, de *Allah*, se quiseres assim chamar, e em nós ele plenamente vive a todos os instantes da nossa existência. É isso o que importa no ser humano, aquilo o transforma realmente num **ser humano**.

Finalmente como um adeus, a presença de Ghalib ficará no seguinte poema:

Que os ascetas cantem o jardim do Paraíso.
Pois nós nele moramos no nosso verdadeiro êxtase
e o esquecemos quando vemos uma parte dele
nas flores presas a um jarro.
A Face Única Dele aparece multiplicada no nosso salão de espelhos
Mas lá está Ele em cada reflexo
Assim como o esplendor do Sol refulge em cada
gota d'água de orvalho.
Nessa imagem oculta está, também, o seu fim.
Ocultos dentro do meu silêncio estão milhares de anseios abandonados.
E as minhas palavras transformam-se numa enfumaçada lâmpada a óleo
que está acesa fumegando na sepultura de um estranho.
Ouve Ghalib, a estrada que leva à fundamental mudança
está sempre a tua espera diante de teus pés.
É ela a única linha que pode costurar as despedaçadas
partes deste mundo em que vivemos e não sabemos.

Ficou para o encerramento deste capítulo dedicado à mística islâmica da linha sufi a contribuição do santo ser que viveu nesta nossa época. Trata-se de Kirpal Singh, nascido em 1894, no Punjab, Índia. Toda a sua longa vida foi dedicada à busca de Deus, o que o levou ao encontro de muitos sufis, iogues e místicos de todo mundo. Ele recusava aceitar quem quer que seja como seu mestre até que nele surgisse a certeza de que era alguém muito especial, diferente da maioria dos seres humanos. E isso aconteceu em 1917, quando ele começou a ver nas suas constantes meditações um homem barbado. Ele pensou que essa presença fosse a do grande guru Nanak, líder espiritual dos *sikhs*, mas, em 1924, quando passava na região do rio Beas, ele encontrou num *ashram* (local onde se cultiva a vida espiritual) em pessoa Baba Sawan Singh Ji. Ele ficou aos pés do seu mestre durante vinte e quatro anos. E começou, assim, a sua vida religiosa. Casou-se, teve três filhos nesse casamento, foi funcionário público, tendo afastado-se do serviço ativo em 1947. E iniciou a sua sagrada pregação para despertar nas pessoas a vida espiritual. No dia 2 de abril de 1974, reuniu um grande número de homens santos (*sadhus*), numa Conferência Nacional, para trabalharem pela melhoria do sofredor povo da Índia. Em 1º de agosto do mesmo ano foi o primeiro líder espiritual, depois do Mahatma Gandhi, a falar no Parlamento da Índia. E, três semanas depois, após uma breve doença, faleceu. Suas últimas palavras foram de amor e consideração pelos seus discípulos. Escreveu inúmeros livros de alto teor espiritual. O último chama-se *The Way of the Saints* — O Caminho dos Santos (vide Bibliografia).

Dele traduzimos a sua breve **Mensagem dos Mestres**. Algo vivo e que mostra a elevada espiritualidade desse sufi.

Meus queridos, estou enviando nesta revista *Sat Sandesh*, a mensagem do Senhor, de todos os santos e profetas que a trouxeram, de tempos em tempos, para guiar e elevar os homens.

Kabir disse: "Eu sou o conhecedor do Verdadeiro Lar do Pai que vim para pregar a mensagem de Deus".

A mensagem de Deus é a seguinte:

Eu sou o Senhor de toda criação. O homem é o mais
elevado ser de toda criação.
Ele está próximo de Mim.
Eu dei igual privilégio a toda humanidade.
Todos nasceram da mesma maneira e com a mesma
constituição externa e interna.
Esta é uma oportunidade de ouro que vocês têm para Me conhecerem.
Desde que vocês foram enviados para baixo, para o mundo,
não retornaram a Mim, que Sou o Verdadeiro Lar;
Mas ficaram presos aos prazeres da mente e com
as suas faculdades externas tanto que
esqueceram mesmo o que devem falar Comigo.
Eu enviei santos e profetas para despertarem vocês e voltarem a Mim;
Mas tudo em vão, pois vocês não se importaram com isso.
E em vez de apreciar os seus serviços, os molestaram.
Eu enviei Cristo — a Palavra feita carne —,
que lembrou a todos vocês veementemente: mudem
as suas mentes pois o reino dos céus está próximo.
E as religiões vieram a surgir para manter todos
os ensinamentos de todos esses Mestres vivos.
A religião no seu puro significado e beleza significa uma realidade viva.
É um estado de uma universal consciência de Deus,
em quem vocês vivem.
Todas as suas atividades ou instituições foram
inspiradas pelo amor a Mim.
E com isso ninguém ficou de lado como um estranho,
e nem ódio ou lutas devem permanecer.
Se desejam Me ver, vençam todos os seus medos;

Isso poderão conseguir somente quando sacudirem para longe
todos os apegos por riquezas (materiais), família, corpo, e que também
Me pertencem e que
Eu dei a vocês a fim de que façam o melhor uso deles
e por fim Me alcancem.
Este desapego de coração pode somente chegar
a vocês quando Me amarem
com todo o coração, com toda mente, e com toda a força.
Esta é a verdadeira renúncia que é a mais elevada expressão da religião.
As vidas de todos os santos e profetas que Eu mandei para
o Leste ou o Oeste foram preenchidas pela extraordinária
elevação da visão da unidade das raças e religiões no espírito.
O mundo externo é a expressão da nossa mente.
A não ser que primeiro estabeleçam a unidade de seus corações,
não poderão desenvolver a unidade que há entre todos os homens.
Há dois métodos pelos quais vocês podem atingir um fim.
Um é o método interior da meditação que vai até o silêncio
do coração de onde flui a fonte do Meu amor, toda bem-aventurança
e Alegria. Terão que renascer;
e a menos que tenham renascido (ou duas vezes nascido)
não poderão entrar no Meu Reino que está dentro de vocês.
Aqueles que uma vez beberam a água da vida desta fonte ficam
para sempre inebriados em Mim
Percebam o fato de que não foi a religião que falhou em vocês, e,
sim, vocês que falharam na religião.
O segundo método é compreender o significado e a finalidade do
conhecimento que, num simples pensamento, é apenas o 'serviço' para
toda Minha criação
— homens, animais, pássaros etc.
O significado da verdadeira vida é o serviço e o sacrifício.
Enquanto esperarem, primeiro e principalmente, ser abençoados
e esperarem que outros façam isso, permanecerão como estranhos no
caminho da espiritualidade.
Quando então desejarem que os outros sejam abençoados, começarão
a acelerar a sua volta a Mim.
Que não sejam reformadores que chicoteiam os outros com a bondade,

mas testemunhas de um Grande Amor que
irradia para todos em pensamentos, palavras e ações.
Sejam exemplos em vez de darem preceitos aos outros.
Vocês estão mergulhados em oceanos de palestras,
mas quanto estão envolvidos em real ação?
Um simples grama de prática é mais do que toneladas de teorias.
'Deseja-se reformadores não para os outros, mas, sim, para si mesmos.'
As religiões decaem quando formas e rituais tornam-se
mais importantes do que Eu que sou Deus.
A luz interna dentro de vocês esvanece dando lugar a uma pura
aceitação de dogmas ou credos a que vocês se apegam tenazmente,
e para que isso ocorra vocês estão prontos a oferecer as suas vidas.
A religião começa a decair quando nem Eu nem a Igreja
dirigimos vocês,
mas, sim, vocês se tornam escravos da maléfica riqueza e do
poder material do que certa vez foi uma viril religião.
Somente permanece a forma que termina em instrumentos egoístas
dos assim chamados defensores das fés, verdadeiros
"empreiteiros" das religiões.
Todos vocês são muito queridos a Mim, doces crianças;
Eu aconselho a todos, residindo em qualquer parte do mundo.
Sentem-se juntos, como irmãos e irmãs, e compreendam uns aos outros.
Dissolvam todas as diferenças e concepções erradas —
pois vocês são um como seres humanos, como alma (seres conscientes),
como seguidores do mesmo poder controlador que mantém
vocês nesses corpos.
Removam toda a dualidade e o sentido de separatividade.
E estarão aptos a sentar juntos somente em Meu nome,
e realizarão essa unidade em *Mim* na companhia dos santos.
Possa esta lição penetrar no coração de cada um de vocês
neste abençoado dia de Natal e de Ano Novo,
a fim de que a significação da vida seja a consagração
do Eterno Valor dessa vida.
Possa a bênção do Mestre brilhar sobre vocês para todo o sempre.
Com amor e os melhores desejos, Afetuosamente,
Kirpal Singh

10

A Mística na Poesia

Os "verdadeiros" poetas são admiráveis instrumentos através dos quais a música das esferas pode ser ouvida. Possuidores de uma rara sensibilidade, que caracteriza os seus vôos em elevados estados de consciência, os místicos podem perceber com nitidez suprema as delicadíssimas modulações desta música. Mas, se todos nós somos poetas, em certo sentido, são raríssimos aqueles que praticam a poesia nessa dimensão mencionada. Poesia não é rima; é toda uma estrutura que faz dela um verdadeiro edifício de complicada textura. É, sim, a liberdade de estar acima de padrões, e a sensibilidade para perceber o que está além dos sentidos. E possuem a coragem dos antigos navegadores na busca de novos e misteriosos continentes. Juntamos aqui apenas alguns exemplos. Perdoem a exclusão de muitos, pois não é propósito deste livro ser uma antologia da arte poética. Muitos dos esquecidos são verdadeiros poetas que, um dia, como pedras preciosas quando descobertas e lapidadas, brilharão intensamente com a sua poesia. Na verdade a poesia mística goteja silenciosamente, e o poeta, seu instrumento, tem pudor de mostrá-la. Realmente poucos são os que, analisando o campo literário, possuem a sensibilidade para percebê-los. Mas a eles, isso pouco importa, uma vez que o importante é dar vazão ao extraordinário mundo interno que podem perceber.

As poesias por mim traduzidas dos originais buscam manter o sentido profundo da obra poética mística, sem maiores preocupações com a mecânica da poesia que, muitas vezes, priva-lhe a liberdade de ser aquele algo que está além das palavras e que é a suprema essência do misticismo.

Começamos com o grande poeta italiano Dante Aliguieri, (1265-1321).

Para **galgar** a montanha da iluminação a nossa espera
dolorosa é a partida em baixo,
mas quando subimos mais e **mais fácil** se torna,
E isso faz com que ao vencermos a **abrupta** rocha
seja como se deslizássemos **suavemente** num bote
seguindo as águas que correm **rio abaixo**
e então **inesperadamente** chegamos
ao **fim** da nossa senda.

Comentário: temos neste poema nove palavras-chave que devem ser lidas 'verticalmente' para penetrarmos no seu sentido real. Comecemos com **galgar**. Como o místico São João da Cruz na sua subida ao Monte Carmelo, Dante repete a imagem da montanha íngreme que nós somos e que tem de ser subida para que, por fim, alcancemos a nossa realização espiritual, pondo de lado todas as limitações que impedem que sejamos nós mesmos. Segue-se a palavra **iluminação**, muito usada no Extremo Oriente, no sentido do surgimento de uma luz interna que ilumina nossa consciência e põe fim ao fantasmagórico mundo em que pensamos estar vivendo. Iluminação ou Libertação são sinônimos de uma experiência mística do mais elevado nível existencial. Segue-se a expressão **dolorosa** que caracteriza o sofrimento, o esforço dos que se arriscam na subida. Na verdade dói muito termos que pôr de lado todas as nossas cascas protetoras e que foram elaboradas em sucessivas vidas. Essas cascas, ou *kleshas* como chamam-nas os hindus, são impedimentos, pois constituem uma verdadeira armadura que nos priva de liberdade para subir a 'nossa montanha'. Assim, temos de considerar a expressão **mais fácil** indicando que à medida que subimos, pondo de lado os nossos impedimentos, a subida é facilitada, e o entusiasmo do 'alpinista' cresce. Chega a vez de analisarmos a palavra **abrupta** que é algo difícil, inesperado, que ocorre no caminho do caminhante e que, entretanto, pode agora ser vencido sem esforço. E, dessa forma, o caminho é **suavemente** trilhado, o que mostra a importância de estarmos preparados em virtude das experiências concretizadas no começo da subida. O poeta utiliza a expressão **rio abaixo** para dar a idéia da facilidade do caminho. E quando isso ocorre, diz o poema, **inesperadamente** alcançamos o **fim**. O Supremo objetivo foi alcançado!

Continuamos com outro exemplo da poesia mística de Dante:

Impronunciável e perfeito é o amor de Deus,
ele **flui** na alma **pura** de um homem
como a luz ao passar por um objeto transparente.
E à medida que mais amor vai **encontrando** no caminho
mais dá de si mesmo a cada um de nós.
Deste modo, à medida que **crescemos** claros, abertos,
mais completa é a **alegria** do céu em nós.
E mais almas em **ressonância** vibram
pois maior é a **intensidade** do Amor.
E cada alma, como um espelho,
reflete puramente as outras.

Comentário: é uma verdadeira Ode à Alegria de Beethoven na sua perfeita musicalidade e na profunda inspiração nela contida. Comecemos com a palavra **Im-**

pronunciável que diz o que a palavra não diz, mas indica, sugere, inspira na sua perfeição. É algo que **flui**, desliza mansamente na nossa alma pura pois está limpa de todos os condicionamentos. **Encontrando**: com essa palavra, Dante quer dizer algo que surge aparentemente de forma inesperada, mas que é o começo de um 'reencontro' com algo muito antigo e já esquecido pela maioria de nós. **Crescemos**: palavra que implica uma ampliação de consciência a cada momento. A palavra **alegria** revela o júbilo total que pode ser sentido por um ser humano. **Ressonância** é sinônimo de sintonia. Vibrar junto em perfeita harmonia. Já ao usar a palavra **intensidade** o poeta-místico queria caracterizar o nível de harmonia atingido quando cada alma se **reflete** em todas as almas do universo, o que é realmente um exemplo máximo da experiência unitiva do poeta.

Agora vamos a um último exemplo de Dante, onde podemos sentir bem a sua elevada ascensão no mundo espiritual:

Conta-me tu que és tão feliz,
aspiras a uma mais profunda **introspecção**
ou, quem sabe, a um grande **êxtase**?
Ela sorriu um pouco bem como
as sombras ao seu lado.
E com tanta ênfase respondeu que o seu Ser
parecia luzir como com o primeiro fogo do amor.
Irmão, Deus é supremamente **generoso**
e nossa vontade acalma e faz que não queiramos
mais do que temos, e nada mais aspiremos.
Se eu desejasse uma maior paz
com Ele não estaria em **harmonia**
que nos designa um lugar inferior.
A essência dessa imensa **alegria**
é que todos abandonamos os nossos desejos pessoais
e, então, por fim, mergulhamos **profundamente**
na própria **vontade** de Deus.
Portanto a nossa posição no céu, de perfeição
em perfeição,
é tão querida em cada alma em particular
tal como o Mestre que a apontou.
Na Sua vontade lá está a nossa **Paz**
É como um Mar onde todas as correntes e
todos os rios se esvaziam por toda Eternidade!

Comentário: **introspecção** é um mergulho no mundo interior sem o qual não se atinge um estado elevado de consciência que caracteriza a experiência mística. **Êxtase** é o pináculo da elevação espiritual que transcende todo o conhecimento conceptual. **Generoso**, repleto de ternura, tenro, suave, inspirador. Na palavra-chave **harmonia** está a visão de uma atmosfera plena de paz envolvendo todas as coisas no seu seio. Daí surge a **alegria**, um estado indescritível de beatitude que **profundamente** impregna a todos que nela estão mergulhados pois a sua **vontade** é feita, e nada há fora dela; reina somente para todo o sempre a inefável **Paz** dos que estão agora conscientes do reino de Deus.

Vamos agora exemplificar a mística na poesia do grande bardo inglês, William Shakespeare (1564-1616), quando ele afirma num poema:

Alegrai-vos, Senhor!
Pois nossas **orgias** terminaram
E esses nossos **atores**, como já vos contei
eram apenas simples espíritos que no
ar desapareceram num ar mais sutil.
E eu dissolverei agora a **infundada** visão
com suas grandes torres, recobertas de nuvens,
os seus resplandecentes palácios
e os solenes templos e mesmo este grande globo
onde vivemos. Tudo **desaparecerá**.
Como um cenário que foi retirado do palco.
Não deixando para trás qualquer angústia,
pois somos da mesma substância com que
os sonhos são feitos e essa nossa pequena vida
é terminada no arrebatamento de um **sono**!

Comentário: neste poema, Shakespeare apresenta uma visão teatral do nosso mundo. Começa com a palavra-chave **orgia** que quer significar a dissipação em que vivemos sem nos preocupar com a vida espiritual. Esse clima teatral é enfatizado com a palavra atores, que é o que realmente somos nas nossas vidas, desempenhando vários papéis de acordo com a peça em que vivemos. A palavra **infundada** mostra algo que não tem uma base sólida e que, portanto, **desaparecerá** como tudo desaparece quando o espetáculo termina e só restam o palco e as cadeiras vazias, o silêncio e a escuridão que a tudo envolve. É por isso que Shakespeare arremata sua poesia com a expressão **sono** que significa um mergulho no inconsciente.

Agora teremos três exemplos do sacerdote e poeta inglês George Herbert (1593-1633).

No primeiro poema chamado Prece, ele assim se expressa:

Piedosamente rezem no banquete oferecido pela Igreja,
sintam a **presença** dos anjos perto de nós
e o divino sopro que leva o homem ao seu **renascimento**.
A alma num **arrebatamento**, o coração iniciando sua senda.
A presença de Deus sondando o Céu e a Terra.
A máquina investindo contra o todo-poderoso,
A torre construída pelo pecador.
O trovão ribombando e a lança transfixando o corpo de Cristo.
Os seis dias da criação do mundo contidos num instante.
Há no ar uma espécie de melodia que toca
todas as coisas.
É suavidade, paz, alegria, amor, **bem-aventurança**
É o céu na sua forma usual e o homem **realizado**
A Via Láctea e a presença do pássaro do **Paraíso**
Os sinos das igrejas são ouvidos além das estrelas
e no **sangue** da nossa alma.
É a terra prometida das especiarias divinas
É alguma coisa **compreendida**...

Comentário: são nove as palavras-chave. Uma espécie de estrelas de maior brilho numa constelação. Começamos com **piedosamente** o que indica a profunda devoção do poema, pois a devoção é um dos caminhos que nos leva Àquilo que muitos teimam em chamar de Deus, mas que é algo grande demais para ser contido numa palavra. A seguir surge a **presença** que é a forma como Aquilo se manifesta quando nos abrimos à sua percepção. Algo que é sentido na carne no instante em que se der a abertura. A terceira palavra é **renascimento** que é o fato que ocorre quando essa presença mencionada torna-se algo constante em nossas vidas. Agora é a vez do **arrebatamento**, ou seja, de uma forma exaltada de consciência muito diferente da que normalmente temos. É o prenúncio do êxtase, ou melhor, da quinta palavra de toque que é **bem-aventurança**, uma sensação que ultrapassa o nosso entendimento limitado e transforma-se numa paz sem limites. Aparece agora a estrela contida na palavra **realizado**. Significa a plenitude de um estado de consciência muito mais elevado do que a nossa comumente chamada 'consciência', onde por fim nasce o **paraíso** que sempre esteve em nós e a nossa volta, mas que a nossa 'cegueira' não permitiu perceber. Esse Paraíso o místico poeta compara-o ao **sangue,** algo vital para as nossas vidas. Encerrando, temos por fim a expressão **compreendida,** identificando a percepção da realidade tal qual ela é.

O segundo poema do mesmo autor é chamado **O Elixir**:

Por favor, ensina-me, meu Senhor e Rei,
para que eu veja a Ti em tudo que existe
bem como nas minhas ações por menor que sejam
pois são sempre a Ti dedicadas!
Não de forma rude como uma fera
correndo para uma ação.
Mas sim completamente voltadas em Tua direção
Fazendo com que o que faço seja sempre uma perfeição
Um homem quando através de um vidro olhar
pode nele colocar seu olho
ou se quiser, passar muito além
e, então, sereno poderá o Céu contemplar.
E verá que tudo de Ti partilha
e nada pode ser tão baixo
que com o teu toque
não se limpe e brilhe!
Um humilde servo nesta situação
faz divino o seu humilde trabalho.
Aquele que varre bem um quarto como
cumpre suas leis, faz disso uma perfeita ação.
Esta é a famosa pedra alquímica
que em ouro transforma tudo que toca,
pois tudo que Deus inspira e possui
por palavras jamais poderá ser dito.

Comentário: neste poema há todo um hino de dedicação a Deus, em cada pensamento, palavra e ação, pois tudo Nele está impregnado. E por mais que tentemos falar, termina o poema "Jamais por palavras poderá ser dito." Só o silêncio, o recolhimento dos que vivem uma vida espiritual poderá dizer alguma coisa sem palavras.

Por fim o terceiro poema onde George Herbert, na sua elevação mística, diz:

O Amor vem a mim e me saúda alegremente,
todavia minha alma se afasta timidamente
pois se julga impura e cheia de pecados.
Mas o Amor, observando que fraquejo na resposta,
me atrai perguntando de forma doce
se sinto falta de alguma coisa em mim.

“Um convidado”, respondi, “que se julga indigno
de aqui estar”. Ao que o Amor respondeu
“Tu deves estar aqui”.
“Mas logo eu, meu caro, que sou indigno e nada valho
não posso olhar nos teus bondosos olhos”.
O Amor me tomou pelas mãos, e sorrindo disse:
“Quem fez os teus olhos a não ser Eu!”
“É verdade, Senhor, mas eu os maculei
deixai que minha vergonha vá para onde ela merece estar”.
E então o Amor replicou: “E entretanto não sabes quem tem a culpa?”
Ao que respondi: “Meu caro a Ti servirei”
Disse o Amor: “tens que sentar e provar da minha substância”.
então eu me sentei e me alimentei.

Comentário: é um fato importantíssimo que podemos encontrá-Lo quando tudo fazemos com plena atenção. Desde o varrer, cozinhar, lavar roupa ou escrever um poema. Quando todos os atos têm em si o espírito da perfeição.

Chegamos neste ponto a um poema místico de outro poeta o sacerdote inglês Thomas Traherne (1637-1674), chamado *A Saudação*:

Onde estão os pequenos membros,
as rosadas bochechas, os olhos e as mãos
de quando há anos nasci?
Que espessa cortina foste e me ocultaste
por tanto tempo tudo que era meu e não sabia?
Onde estava, em que abismo, a minha falante língua?
Quando silencioso eu permaneci por milhares e milhares de anos
jazendo coberto pela poeira de um caos.
Como poderia eu sorrir ou chorar,
se não tinha nem lábios, nem mãos, olhos ou ouvidos para perceber?
Sejas bem-vindo Ó tesouro que agora recebo neste momento.
Eu, que por tanto tempo era um nada para a Eternidade,
pouca coisa pensava em relação a tais infinitas alegrias,
pois não possuía ainda ouvidos para a escutar ou língua para a celebrar,
nem olhos para a perceber, nem pés, nem mãos para sentir. Nada tinha
para ser consciente, debaixo do céu, do solo firme que iria encontrar.
Encontrei por fim novas e polidas alegrias!
Que excede o amarelo do ouro ou o lustre da pérola!
Tais sacros tesouros são como os membros para os jovens

nos quais uma alma poderão abrigar.
Nas suas organizadas juntas e veias azuis,
a maior riqueza do mundo está contida.
Do pó nasci, e fora do nada agora desperto,
essas brilhantes regiões os meus olhos saúdam.
Pois de Deus recebo um presente.
A terra, os mares, a luz, o dia, os céus,
o Sol e as estrelas são minhas e a elas louvo.
Há um longo tempo passado, do ventre de minha mãe nasci.
Deus que tudo prepara fez disso uma gloriosa perspectiva.
Recebi Dele um mundo para embelezar.
Um Éden tão divino e belo,
tão brilhante e amplo ao qual cheguei
como seu filho e herdeiro.
Eu era um estranho ali e coisas estranhas iria encontrar
e estranhas glorias presenciar.
Estranhos tesouros alojados nesse belo mundo
apareceram para mim como estranhos. Todos eles para mim.
Mas eles a mim foram dados, e eu que nada era,
que a tudo estranhava iria ver que tudo iria passar...

Comentário: neste poema o poeta-místico funde-se com a realidade última e chega à estranheza de perceber o eterno agora e ter a certeza, como diz, de que "tudo iria passar". No momento em que nasce uma nova criatura dentro do velho ser humano ele percebe, como a criança que sorri para o mundo a sua volta, que tudo é perfeito e belo e que o Paraíso, até então perdido, sempre esteve sob nossos pés e dele nunca nos afastamos. Essa é a essência da vida espiritual.

Entra em cena agora o grande poeta, místico, pintor, visionário, o inglês William Blake (1757-1827) de quem apresentaremos dois pequenos poemas que são jóias resplandecentes da poesia mística:

Num grão de areia ver o Mundo
e numa flor silvestre todo o imenso Céu.
Na palma da tua mão segurar o Infinito
e vivenciar a Eternidade numa hora!

Comentário: neste exemplo está revelada a expansão de consciência característica da experiência mística do poeta. As elevadas culminâncias do Ser que atingiu e a presença em si do que foi sentido nesse mágico momento.

O segundo poema é um verdadeiro *haikai* da tradição japonesa, por ele chamado de 'Eternidade':

Quem escraviza egoisticamente para si uma Alegria
está com isso destruindo a sua própria alma.
Mas quem beija amorosamente tal Alegria quando de si voa.
Viverá para sempre na Eternidade de um nascer do Sol!

Comentário: aqui está um exemplo do arroubo de uma explosão mística quando o poeta no final afirma: "Viverá para sempre na Eternidade de um nascer do Sol!" Ou seja, a transcendência do tempo e do espaço que nos escravizam.

Apresentamos agora exemplos da poesia mística de Emily Dickinson, uma notável poetisa norte-americana que viveu no período 1830-1886, que certa ocasião definiu o que considerava um **verdadeiro poema** afirmando: "Quando eu sinto fisicamente como se o topo de minha cabeça tivesse sido arrancado, sei que é um verdadeiro poema nascendo". Seguem alguns exemplos de sua obra:

Na **possibilidade** eu vivo
numa casa muito mais bela do que a simples **prosa,**
pois possui um número maior de **janelas**
e um conjunto incontável de **portas.**
Cheia de câmaras feitas de cedro
impregnáveis aos Olhos.
E cobertas com o perene Teto
do próprio telhado do **Céu.**
E que não percebe os **visitantes** mais belos
pois ainda está cego a eles pela nossa ignorância.
Para que isso efetivamente ocorra é necessário apenas **Isto.**
Só temos que elevar **conscientes** aos céus as nossas pequenas mãos,
a fim de que atinjamos por fim o **Paraíso** que sempre esteve
a nossa espera.

Comentário: na palavra-chave **possibilidade** a poetisa quer dizer na medida do que é possível, pois isso não ocorre em todos os momentos da vida, a não ser nos Seres totalmente iluminados, onde esse estado elevadíssimo de consciência é uma realidade. E acrescenta que a casa onde isso ocorre é 'muito mais bela' do que a simples **prosa**. Com a palavra prosa, ela quer dizer a forma cursiva com que nos expressamos habitualmente, ou seja, a 'prosa que jogamos fora' quando falamos ou escrevemos. A banalidade da expressão verbal sem conteúdo. Quando ela menciona **janelas** e **portas**, está indicando as infinitas 'aberturas' para esse novo e supremo nível de consciência expandida que é a verdadeira Poesia com P maiúsculo, para diferenciá-la da simples poesia dos que se julgam poetas por saberem rimar ou expressar melancolicamente as impressões dos seus sentimentos em relação ao mundo que os cerca. E que infelizmente é a grande maioria. Quando a autora fala das câmaras **impregnáveis** aos olhos, está se referindo a algo que não pode ser percebido com a nossa visão normal, com os nossos 'olhos' cotidianos. Assim como no caso do poeta e do Poeta, há um diferença entre os olhos e os Olhos. Sendo os últimos os que realmente vêem as coisas como elas são. Quanto a palavra **Céu**, trata-se evidentemente de um estado de consciência mais elevado.

Nos versos que arrematam o poema está a exaltação, a conquista. Quando a poetisa se refere aos mais belos **visitantes**, está se referindo ao que ordinariamente não vemos, mas que existe realmente para os que sabem ver. Com a palavra **Isto**, ela quer enfatizar a simplicidade com que se dá esse 'encontro' quando, conscientemente, alçamos as nossas humildes mãos **conscientes** do que estamos fazendo, com plena atenção e, assim, alcançamos o **Paraíso**. A ignorância que nos envolvia desaparece sob o refulgir da sabedoria.

O instante em que ocorre aquele mágico momento, quando acontece o real percebimento da 'Coisa em si mesma' é descrito por Emily Dickinson assim:

Não, não é essa a **revelação** que esperávamos,
mas somente o fato de que agora
os nossos humildes olhos estão
totalmente **puros**.

Comentário: a **revelação** que esperávamos era algo conceitual, produto de nossa mente, presa às experiências do passado, e a **revelação** que acontece é virgem e pura, incontaminada, completamente diferente da expectativa da outra. Ao final, a poetisa revela-nos que agora os nossos olhos estão totalmente **puros**, pois, assim, poderão perceber o imperceptível pelos nossos limitados sentidos.

Outro flagrante desse contato com o incognoscível para a maioria dos seres humanos:

Os **superiores** instantes da **Alma**
ocorrem para Ela quando está **só.**
Quando os amigos e as situações terrenas
desapareceram
num infinito afastamento.
Ou quando Ela, a alma, **ascendeu**
para uma remota altura

impossível de ser alcançada
por um reconhecimento inferior
da sua onipotência.
Esta Mortal Abolição é **rara**
mas é tão autêntica como uma Aparição
sujeita a uma vontade Suprema.
A Eternidade **revela-se**
somente a uns poucos **favoritos**
que percebem então
a Colossal substância
da **Imortalidade**.

Comentário: numa profunda introspecção, constatamos que neste poema existem oito palavras-chave, que poderão abrir caminhos para um maior aprofundamento global da peça. Comecemos com a afirmação **superiores** que indica aqueles raros, mas importantes momentos, quando somos 'tocados' por algo diferente da nossa coloquial consciência. Isso ocorre na segunda palavra-chave, na **Alma**, ou seja, num substrato superior de nós mesmos. Segue-se a expressão **só,** apontando esse encontro que temos com nós mesmos, quando estamos sozinhos, sem companheiros ou recordações ou expectativas. Com a palavra **ascendeu,** a poetisa exprime a elevação que teremos de galgar, espiritualmente, para que ocorra esse esperado encontro do ser consigo mesmo, ou seja, com o Ser Superior que está dentro de nós. Contudo isso é **raro,** pois difícil é nos desembaraçarmos dos nossos pequenos 'compromissos', cortarmos os liames que ilusoriamente nos escravizam. Quando isso ocorre surge a palavra **revela** — algo que já existia, mas que inesperadamente salta diante de nós e torna-se numa presença viva. O termo **favoritos** refere-se àqueles que estão preparados, depois de sucessivas vidas, para o grande acontecimento que os levará à **imortalidade**, a algo que somos e que não percebemos porque estamos escravizados aos conceitos ilusórios do tempo e do espaço e não percebemos a presença Imortal dentro de nós.

Um quarto exemplo da poetisa:

O cérebro é mais amplo que o Céu
pois se os colocarmos lado a lado
um ao outro conterá
com toda facilidade **contigo**
quando ao seu lado estiveres.
O cérebro é mais profundo que o mar
pois nele se misturam o Azul com o Azul

pois um ao outro absorveram
assim como as sequiosas esponjas o fazem.
O cérebro tem o mesmo peso que Deus
pois se o pesares com cuidado grama a grama
se eles diferirem um do outro será tão pouco
assim como ocorre com a **Sílaba para o Som**.

Comentário: neste poema a poetisa mostra a grande unidade existente entre todas as coisas, acentuando na palavra **contigo** a presença de Deus, que é uma constante, qualquer que seja o nome que Lhe dermos. Isso ela enfatiza na última sílaba quando afirma que isso ocorre com a **Sílaba para o Som**.

Para arrematar, outro poema onde essa fundamental identidade é ressaltada:

A Natureza é a mais amorosa Mãe
Que não se impacienta com qualquer filho
Com o mais fraco ou o mais audaz
A sua repreensão é suave.
Na Floresta e na colina
Para que o viajante seja ouvido
Restringindo o Desaforado Esquilo
Ou a um Pássaro muito impetuoso
Como é bela a sua Conversação
Num Cair da Tarde num Verão
A sua Casa — Sua Assembléia
Enquanto o Sol vai se pondo lentamente
Sua Voz entre as Alamedas
Estimula uma tímida prece
Que nasce do mais diminuto Grilo
Até a Flor sem qualquer valor
Quando todas as Crianças dormem
Ela um longo caminho percorre
Que é suficiente para acender Suas lâmpadas
Então pendentes do Céu
Com uma atenção infinita
Com um infinito Cuidado
Com o seu dedo dourado no Seu lábio
Exige Silêncio — Em toda Parte

Comentário: nesse poema está uma visão da infinita participação de Deus, ou o nome que quisermos dar para o Inominável. No último verso, está claramente declarada a exigência de Silêncio, do recolhimento interior, em todas as partes, pois só nesse silêncio dos sentidos poderemos encontrá-lo.

A seguir dois poemas de Walt Whitman, talvez o maior poeta norte-americano.

Sou constantemente rodeado por suplicantes e viajantes desconhecidos...
Sinto os efeitos na minha precoce vida...
do guarda que me cumprimenta... e da cidade onde vivo...
da minha nação, das grandes novidades... descobertas...
invenções e sociedades.
Dos autores antigos e novos,
do meu jantar, das roupas, associados, olhares furtivos,
negócios, cumprimentos, e das dívidas que tenho...
Da real ou imaginária indiferença de algum homem ou
da mulher que eu amo...
Da preocupação com as doenças...
dos meus amigos ou da minha...
ou de uma má ação cometida...
da perda de dinheiro ou da falta dele...
ou das depressões e exaltações.
Todas essas coisas vêm assombrando os meus dias e minhas noites.
Mas elas não são o meu verdadeiro Eu, o que é Meu, Eu mesmo.
Distante dos puxões e arrancos permanece o que Sou,
e lá estou eu, alegre, complacente, compassivo, inativo, unitário.
Olho para baixo, e estou ereto, curvo o meu braço
num certo impalpável repouso,
Olho com a cabeça semi-curvada, curioso do que virá.
Ao mesmo tempo estou dentro e fora do jogo,
eu o observo e imagino como ele é.
Olhando para trás e me vejo nos dias em que suava através da névoa
com lingüistas e adversários.
Contra eles não tinha nem zombarias nem argumentos...
Apenas testemunhava e esperava.
Eu creio em ti minha alma... no outro que Sou
que nunca se abaixará diante de ti,
bem como nunca deverás abaixar diante do outro.

> Vagabundeia comigo que agora estou deitado no gramado...
> afrouxa o que está em tua garganta preso,
> Não mais quero ouvir palavras vãs, nem música, nem rima espero
> nem hábitos ou conferências, nem mesmo o melhor que possa ser
> Somente quero ouvir em plena calmaria o zumbido
> de tua entoada voz.
> Eu imagino como deitados estamos em junho, nesta
> transparente manhã de verão
> Colocaste a tua cabeça apoiada no meu quadril
> e suavemente te viraste para mim.
> E abriste a minha camisa no meio do meu peito
> e mergulhaste a tua língua no meu desnudo coração.
> E alcançaste por fim, a minha barba, e chegaste até os meus pés.
> E, rapidamente, como num encanto, fui inundado
> pela paz e conhecimento que ultrapassam tudo que há na Terra.
> E agora sei que a mão de Deus é a minha primitiva mão
> E sei ainda que o espírito de Deus é o meu irmão mais velho
> e que todos os irmãos jamais nascidos são também meus irmãos
> e todas as mulheres são as minhas irmãs e amores,
> e que no âmago da criação está o meu Senhor e Amo;
> e ilimitadas são as folhas secas ainda presas aos galhos
> ou as que ainda estão caindo nos campos,
> bem como as formigas marrons nos pequenos espaços
> que existem debaixo delas,
> enquanto isso ocorre nas musgosas crostas da bichada cerca de madeira
> e nas amontoadas pedras, tudo mais à nossa volta
> também está apodrecendo irremediavelmente.

Comentário: neste poema, um hino à impermanência — *Anicca*, como os budistas a chamam — Walt Whitman é como um lúcido budista que percebe a grande unidade de todas as coisas e a presença Daquilo — que ele chama de Deus — em todas as coisas. O seu Budismo é o da chamada Terra Pura, onde a presença do Buda Amida, que é a vida eterna e a luz infinita, é enfatizada. Pois é **Ele** o meu Senhor e Amo!

Continuamos com mais um exemplo da mística de Whitman, quando ele diz, numa longa página poética:

> Eu já disse, e repito, que a alma nada mais é do que o corpo.
> Eu já disse que esse corpo nada mais é do que a alma.
> E nada pode ser maior do que o nosso ser realmente é.

E ai daquele que caminha alguns passos sem ter harmonia ao andar,
pois estará indo irremediavelmente vestido com sua mortalha,
para o seu próprio funeral.
E que eu ou tu, sem termos um níquel no bolso,
podemos comprar um punhado de terra.
E que um relance de visão num grão de feijão na sua vagem
confunde o conhecimento humano acumulado de todos os tempos.
E não há nisso nem emprego nem qualquer negócio,
mas um jovem homem
se o seguir, pode se tornar um herói,
E não há objeto tão macio quanto esse mas ele pode
se tornar no resistente cubo da roda onde gira o universo.
E qualquer homem ou mulher poderão permanecer frios
e arrogantes diante de um milhão de universos.
E eu à humanidade conclamo: Não sejam curiosos acerca de Deus.
Nem criem termos que nunca poderão dizer
como eu agora estou calmo diante de Deus e da morte.
Eu observo e ouço atentamente a Deus em cada objeto,
mas não posso nunca compreendê-Lo.
Nem também compreendo quem poderá ser mais maravilhoso do que eu.
Por que eu quero desejar ver a Deus mais nítido neste dia?
Eu vejo um pouco Dele em cada hora das vinte quatro horas
que compõem o dia.
e em cada momento da minha vida com Ele estou.
Pois eu O vejo nas faces dos homens e das mulheres,
e na minha própria no espelho refletida:
eu encontro as cartas que ele 'escreve' jogadas nas ruas
e cada uma é assinada com o nome Dele,
e eu as deixo onde elas estão,
pois sei que pontualmente outros virão
sempre e sempre a Sua procura.
E quanto a ti, Morte, com o teu amargo grilhão da mortalidade...
é inútil pois não poderás nunca me alarmar.
Eu vejo para o seu trabalho honrado a parteira chegando,
vejo a sua velha mão pressionando, recebendo, suportando,
e eu me reclino na soleira das delicadas flexíveis portas...
e a saída assinalo... e a marca de alívio onde poderei escapar.

E quanto a ti meu corpo, penso que és um bom estrume,
e isso nada me ofende,
pois sinto o cheiro, o perfume das florescentes rosas brancas crescendo,
e eu alcanço os seus folheados lábios... Eu também alcanço
os polidos seios dos melões maduros.
E quanto a ti, ó vida, reconheço que és a saída
de muitas anteriores mortes,
pois não tenho mais qualquer dúvidas que já morri antes
milhares de vezes.
Eu escuto a ti sussurrando, Ó estrelas do Céu,
Ó sóis... Ó capins que nas sepulturas nascem.
Ó as perpétuas transferências e promoções...
Se nada dizes como poderei eu
dizer alguma coisa?
Ó turva poça que jaz na floresta outonal,
E da Lua que chega descendo lenta os degraus do crepúsculo.
Agitação, centelhas do dia e da escuridão... agitação dos negros
talos em decadência no esterco.
E a agitação do lamentoso balbuciar dos secos membros.
Eu sobrepasso a Lua... Eu ascendo a Noite,
e percebo o fantasmagórico brilho dos refletidos raios do Sol.
E o firme emergir do que é Firme e Central a partir de
brotos pequenos e grandes.
Então há agora Algo em mim... Não sei o que possa ser...
Mas sei que em Mim está.
Puxado para aqui e lá violentamente e suado... calmo eu rio e então
em que se torna o meu corpo?
Agora eu durmo. Profundamente durmo.
Eu não O conheço. Pois Ele não tem nome... é uma palavra
que nunca foi dita, que não está em qualquer dicionário,
ou numa enunciação, ou num símbolo.
Algo agora balança e mais do que a terra eu também balanço.
Para isso há a Criação que é o amigo que me abraça e desperta.
Talvez possa eu dizer mais... Esboços apenas!
Eu suplico aos meus caros irmãos e irmãs.
Será que vês os meus irmãos e irmãs?
Isto não é nem o caos nem a morte... Aquilo, o Inominável,
é a forma, a união e a finalidade...
Aquilo é a vida eterna... é a felicidade suprema!

Comentário: este poema de Whitman é, na sua musicalidade, no seu ritmo, uma verdadeira sinfonia da experiência mística de alguém que, sobrepassando os laços da carne, alcançou a elevação da vida espiritual e com ela fundiu-se num ato de Amor.

Passaremos a examinar três poemas de elevado caráter místico do poeta inglês e sacerdote católico, Gerard Manley Hopkins (1844-1889):

Assim como certos pássaros são pelo fogo fascinados,
as libélulas atraídas por ele são consumidas,
os acrobatas equilibram em cima dele o aro das rodas.
As pedras também ressoam bem como cada tensa corda
canta a sua moda. Atenta pois!
Cada coisa supostamente morta faz uma mesma coisa
que é sempre a mesma, ao exteriorizar o que dentro de si está.
Os Seres — revelam-se a si mesmos e eu mesmo claramente falo.
Ao gritar que faço, eu sou Eu mesmo, e por isso ao mundo vim.
E mais digo: o justo homem sempre a justiça faz.
E a sua autenticidade mantém e faz com que todas as coisas
por ele produzidas possuam essa mesma qualidade.
Age no olho de Deus aquilo que no olho de Deus É —
Cristo — em seu nome aquilo se manifesta em dez mil locais.
E o faz amorosamente nos seus membros e nos olhos que meus não são,
pois ao Pai pertencem e através Dele
as suas características estão impressas
nas faces de todos os homens.

Comentário: nesse poema o autor mostra como tudo é possuído por Aquilo e a Ele manifesta cada um a sua maneira, pois, como diz o poeta: "suas características estão impressas nas faces de todos os homens." E, diríamos nós, **na face de todos os seres visíveis e invisíveis.**

No poema a *Grandeza de Deus* o poeta assim se exprime:

O mundo está embebido pela grandeza de Deus.
Que flameja para fora, como uma chama por um fole soprada.
E vai acumulando uma grandeza como a de um grande óleo
que pinga gota a gota.
Por que então agora os homens com seus castigos não dão atenção?
Gerações caminharam, caminharam, caminharam.
E tudo é marcado por negócios e é turvado e manchado pelo esforço,

Mostrando as marcas das sujeiras cometidas, e tem o cheiro dos homens.
O solo agora está vazio e nem os pés podem senti-Lo.
E diante de tudo isso a natureza não se desgasta nunca,
pois lá vive intenso o mais querido frescor, profundamente
impregnado nas coisas.
E embora as últimas luzes do escuro Oeste tenham desaparecido
Oh! a maravilhosa manhã que do amarelado Leste está brotando
Vinda do sempre presente Espírito Santo
E ao mundo vai chocando com seu morno seio
e debaixo das suas amorosas asas!

Comentário: um exemplo da ternura do amor de Deus por todas as criaturas apesar de todos os seus desvios.

Outro poeta, que é considerado o maior do século XX. O alemão Rainer Maria Rilke (1875-1926) e seu poema "A Glória do Buda":

Centro de todos os centros, âmago de todos os âmagos,
és como uma arredondada amêndoa auto-encerrada
e cada vez mais doce.
Em todo este universo, até nas mais distantes estrelas
e além delas tudo é a vossa carne e fruto!
Agora sente como nada a ti se apega,
e a tua vasta concha alcança um infindável espaço
onde um rico e espesso fluido se eleva e flui constantemente.
Iluminado na vossa infinita Paz.
Um bilhão de estrelas giram através da noite
luzindo muito acima da tua cabeça,
mas em ti está sempre aquela Presença
que sempre estará quando todas as coisas
morrerem!

Comentário: Rilke invoca aquela Presença do Buda, do Ser supremamente Iluminado, que está em nós e não percebemos porque estamos desatentos como crianças no meio dos seus folguedos. Ele conclama o desapego. Ao deixar passar. Só assim poderemos perceber a sacra Presença que não termina quando as coisas morrem.

Passamos agora ao encerramento desta pequena antologia, muito limitada, de poetas místicos do mundo. Acredito que muitos foram deixados de lado, pois não há espaço para todos eles. Na literatura portuguesa há numerosos poetas, de vários estilos e épocas, mas são pouquíssimos os que podem ser alinhados junto aos que aqui foram citados. Na minha apreciação, limitada como todas as apreciações, causando injustiças por não ter conhecimento de todos os poetas de nossa literatura, há um que indiscutivelmente pode ser considerado como o maior poeta-místico: Fernando Pessoa.

Os trechos que se seguem foram retirados de um ensaio intitulado "Fernando Pessoa — o Teósofo", por nós escrito, e que constitui a introdução do livro *A Voz do Silêncio* por ele traduzido e publicado pela Editora Civilização Brasileira e, posteriormente, pela Ground.

Fernando Pessoa é, por excelência, o poeta do transcendentalismo. Sua poesia pode ser comparada à de William Blake. É densa, atingindo zonas do inconsciente só reveladas aos místicos, aos profetas. Essa gradativa abertura da consciência, a camada cada vez mais profunda do Ser, transformou-o numa verdadeira ilha na língua portuguesa. Sucessivos estudos foram feitos sobre a sua personalidade polimórfica. Mas, para se entender a essência de sua obra, temos de examiná-la sob o ângulo do Ocultismo. Fernando Pessoa dominava uma enorme série de conhecimentos que os homens, ditos educados, repudiam como sinal de ignorância e superstição. Como Gustav Jung, era um pesquisador do oculto. Um mestre no que dizia respeito a Alquimia, Astrologia, Rosa-crucianismo, Cabala, Maçonaria, Magia etc. Sentia-se atraído por elas como por um abismo. Dentre todas as doutrinas, foi a Teosofia — pela particularidade de abranger todas as ciências exatas, ocultas, filosóficas e religiões em geral — que o marcou definitivamente.

Para Fernando Pessoa a vida era uma revelação. A extrema lucidez, a visão das coisas como elas são, levava-o a um despojamento gradual dos mantos superpostos que impedem a percepção do Real. Os homens, seres, coisas, adquirem, na sua poesia, uma característica diferente. São iluminados por dentro. Revelam a transparência de concentrações de energia no espaço e no tempo com durações determinadas. A marca da impermanência está presente em tudo. Fernando Pessoa via as coisas no atemporal — no eterno aqui e agora. Era um místico quando penetrava nos falsos valores com que os homens mascaram a realidade última. Era um ocultista verdadeiro pois sabia discernir o oculto por baixo das aparências. Sua poesia está impregnada, tem raízes no mais profundo do inconsciente coletivo. Está molhada nas águas existentes em regiões profundas do ser humano.

Toda a obra de Fernando Pessoa é um hino ao outro lado, ao Além — Deus. Seus heterônimos são aspectos da fragmentação da consciência de um homem que penetrava mais e mais nas camadas do seu Ser em busca dessa presença fundamental que sabia existir por intuição direta. Para ele, entretanto, a presença dos diferentes "é apenas um traço de histeria". Numa carta, que trata desse problema, reconhece: "Não sei se sou histérico simplesmente, se sou mais propriamente um histero-neurastênico. Prefiro essa segunda hipótese, porque há em mim fenômenos de abulia que é a histeria propriamente dita; a origem mental dos meus heterônimos está na minha tendência orgânica e constante para a despersonalização e simulação. Estes fenômenos, felizmente para mim e para os outros, mentalizaram-se em mim. Quero dizer, não se manifestam na minha vida prática, exterior, no contato com os outros. Explodem para dentro, vivo-os a sós comigo. Se eu fosse mulher — na mulher os fenômenos histéricos rompem em ataques e coisas parecidas — cada poema de Álvaro de Campos (o mais histericamente histérico de mim) seria um alarme para a vizinhança. Mas sou homem e, nos homens, a histeria assume principalmente aspectos mentais. Assim tudo acaba em silêncio e poesia.".

Nota-se claramente em seus escritos um trabalho intenso de busca, de maturação. A Alquimia, que tanto o apaixonava, trata especificamente dessa maturação do ser humano. Segundo ela, a matéria bruta da nossa Natureza, simbolizada pelo chumbo, pode ser transmutada em ouro. É um trabalho de transformação feito no interior do laboratório que existe em nós. A palavra laboratório significa etimologicamente — trabalho e oração. Há, portanto, um trabalho medido por esforços que pode ser ativado pela meditação. A Oração-Meditação é o calor que irá dissolvendo a matéria bruta. Esta, aliás, é a idéia hindu de *tapas* — o sacrifício que desenvolve o calor interno. Essa trabalho maior é muito mais efetivo do que todo trabalho externo que fazemos. É doloroso, pois é uma obra que terá de ser feita por cada um de nós, sozinho, com as mãos a sangrar, removendo os escombros que se acumularam no caminho interno e que nos levará à paz definitiva. Esse caminho — chamado a senda dos Ocultistas — é pleno de espinhos e curvas, possui várias etapas que o candidato à transmutação do Ser e à libertação dos sofrimentos deverá necessariamente cumprir. Cada coisa tem de ser feita no seu momento, pois a natureza não dá saltos nem é enganada pelas aparências. Diante de nós está o próprio caminho. Fernando teve consciência dessa vereda que nos leva a abismos cada vez mais profundos quando entrou em contato, pela primeira vez, com a Teosofia.

Os ensinamentos iriam marcar profundamente a alma sensível de Fernando Pessoa.

A poesia refletia essa mudança. Em carta ao seu fiel amigo Mário Sá Carneiro, ele descreve o momento mágico desse encontro:

"Lisboa, 6 de Dezembro de 1915,

Meu querido Sá-Carneiro:

Como lhe escrevo esta carta, antes de tudo, por ter a necessidade psíquica de lha escrever. V. desculpará que eu deixe para o fim a resposta à sua carta e postal hoje recebidos, e entre imediatamente naquilo em que ficará o assunto desta carta.

Estou outra vez preso de todas as crises imaginárias, mas agora o assalto é total. Numa coincidência trágica desabaram sobre mim crises de várias ordens. Estou psiquicamente cercado.

Renasceu a minha crise intelectual, aquela que lhe falei, mas agora renasceu mais complicada, porque à parte ter renascido nas condições antigas, novos fatores vieram emaranhá-la toda. Estou por isso mesmo num desvairamento e numa angústia intelectuais que você mal imagina. Não estou senhor de lucidez suficiente para lhe contar as coisas. Mas como tenho necessidade de lhas contar irei explicando conforme posso".

Comentário: o poeta está diante de uma crise de dimensões completamente diferentes das anteriores. Sem dúvida é o ponto alto da sua vida que se aproxima. Algo lhe ocorrera, transformando-lhe completamente a existência, tocando-o com ferro em brasa no fundo do Ser. E, então, o poeta confidencia ao amigo:

"A primeira parte da crise intelectual você já sabe o que é: a que apareceu agora deriva da circunstância de eu ter tomado conhecimento das doutrinas teosóficas. O modo como as conheci foi banalíssimo. Tive de traduzir livros teosóficos.

Algo que me abalou a um ponto que eu julgaria hoje impossível, tratando-se de qualquer sistema religioso. O caráter extremamente vasto desta religião-filosofia, a noção da força, de domínio, do conhecimento superior e extra-humano que ressumam das obras teosóficas perturbaram-me muito. Coisa idêntica ocorrera-me há muito tempo com a leitura de um livro inglês sobre os Ritos e Mistérios da Rosa-cruz. A possibilidade de que ali, na Teosofia, esteja a Verdade Real, me 'hante' (atrai)."

Seguem alguns exemplos da vasta obra de Fernando Pessoa:

Não dormes sob os ciprestes,
Pois não há sono no mundo...
O corpo é a sombra das vestes
Que encobrem o teu ser profundo
Vem a noite, que é a tua morte,
E a sombra acabou sem ser.
Vais na noite só recorde.
Igual a ti sem querer.
Mas na Estalagem do Assombro
Tiram-te os Anjos a capa.

Segues sem capa no ombro,
Com o pouco que te tapa.
Então Arcanjos da Estrada
Despem-te e deixam-te nu.
Não vestes, não tens nada:
Tens só o teu corpo que és tu.
Por fim, na funda caverna,
Os Deuses despem-te mais.
Teu corpo cessa, alma externa,
Mas vês que são teus iguais,
A sombra das tuas vestes
Ficou entre nós na Sorte.
Não estás morto, entre ciprestes.
Neófito, não há morte!

Por fim mais dois exemplos retirados dentre inúmeros outros que podem ser encontrados na obra poética de Fernando Pessoa, em seu heterônimo Alberto Caeiro:

O que nós vemos das coisas são as coisas.
Por que veríamos nós uma coisa se houvesse outra?
Porque ver e ouvir seria iludirmo-nos.
Se ver e ouvir são ver e ouvir,
O essencial é saber ver,
saber ver sem estar a pensar,
Saber ver quando se vê,
E nem pensar quando se vê,
Nem ver quando se pensa...

Comentário: o poeta deixa clara a influência negativa do pensar quando se vê algo. As projeções que constantemente fazemos sobre as coisas vistas que não são em absoluto o que elas são. Para realmente Ver temos que nos identificar diretamente com a coisa vista sem qualquer intermediário.

Essa mesma tônica o poeta expressa quando diz:

Não basta abrir a janela.
Para ver os campos e o rio.
Não é bastante não ser cego.
Para ver as árvores e as flores.

E preciso também não ter filosofia nenhuma.
Com filosofia não há árvores: há idéias apenas.
Há só cada um de nós, como uma cave.
Há uma janela fechada, e todo mundo lá fora;
E um sonho do que se poderia ver se a janela se abrisse,
Que nunca é o que se vê quando se abre a janela.

Terminamos com um desconhecido poeta budista tibetano chamado Tchan Khan Pa:

Morre e vive Naquilo!
Confia!
Possa a tua alma brilhar com a infinita Luz e Suprema Paz.
Ó imortalidade suprema, em ti sempre morei!
Tua alegria enche aquilo que resta da minha alma,
Incendeia aquilo que resta no meu coração
E em mim incorpora a felicidade de um relâmpago eterno.
Ó vida imensa e infinita!
Esplendor eterno e radiante!
O meu único lar...
Eu sou a divindade das coisas!
Sob esse espesso manto de matéria
sou a chama silenciosa e anônima,
que de todos é desconhecida,
e que brilha no coração das trevas externas!
No perpétuo ressurgir na minha infinita visão
não mais existem véus, nem trevas, nem luz.
Oh, inominável infinito! O Eterno que não tem qualquer atributo
é a minha única morada, o meu único Estado Natural.
É nessa unidade que vejo uma infinidade de seres e coisas
dissolvidos numa essência igual à pura água,
que da pura água surgem.
Na plenitude transluminosa de uma infinita realidade
para sempre sou transfigurado,
assim como a todas as coisas transfiguro,
em virtude do eterno relâmpago que sou.
Eu sou... Para sempre sou...

Aquilo que era... Aquilo que é... Aquilo que será...
Eu sou... Para sempre sou...
A bênção infinita dos eternos ritmos
o universo acalenta e os corações das coisas acelera.
Eu sou... Para sempre sou...
No meu refúgio último, que é também
o refúgio de todas as coisas
Alegria! Harmonia!
O êxtase do mundo!"

Comentário: neste poema pode ser sentida a presença do Eterno, a presença da harmonia que nos cerca e o supremo êxtase de estar no mundo!

11

A Mística na Teosofia

O acesso à Sabedoria Divina é essencialmente místico; só aqueles que vêem a grande unidade entre todas as coisas podem ter a divina percepção, onde não existe mais um eu separado, murado, importante e todas as coisas enfumaçadas do redor. A Teosofia, qualquer que seja o seu nome, é o traço de união entre o eu e os outros; tudo faz parte de uma ordem superior onde vive e tem o seu ser. Essa visão unitiva, conforme tentamos mostrar nos sucessivos capítulos deste livro, não pertence a alguma religião, filosofia, ciência ou arte, porque todas a contêm. E o que caracteriza a verdadeira religião, filosofia, ciência ou arte é essa reconhecida inclusão.

No início falamos das condições para que o ser humano possa perceber aquilo que está nele em potencial, que necessita, no entanto, de um canal para que possa se estabelecer em nível consciente na criatura, para que possa ser percebido na carne que não se trata de algo vago, um sonho, mas de uma realidade concreta como tantos místicos apresentados neste volume testemunharam. Há inúmeros outros que fizeram o mesmo, que, porém, não foram citados, pois o autor não é omnisciente, nem poderia ser, uma vez que é humano; contudo pode sentir um pouco dessa visão unitiva no gosto da experiência de várias pessoas. Para se conhecer o oceano basta provar uma gota de sua água. É bastante para sentir a sua verdadeira natureza.

Nesta época difícil, como foram todas as épocas, temos que desenvolver o nosso ser interior a fim de que ele se possa mostrar plenamente através de nossos pensamentos, palavras e ações. A leitura de textos teosóficos — e há inúmeros — oferece-nos um estímulo para que prossigamos sem medo. Estamos sempre acompanhados por guias internos ou externos que nos auxiliam a vencer os obstáculos, e enxugam caridosamente o nosso suor. E essa 'operação' espiritual é feita a todos os momentos. Não precisamos nos isolar do mundo: aqui e agora, onde quer que estejamos, andando, sentados, deitados ou mesmo dormindo, "eles" nos ajudam. Com "eles" queremos dizer, nossos instrutores, nossos santos Mestres, nossa consciência mais profunda, nosso ser não-revelado, nosso Eu superior como os teósofos afirmam. O importante é percebermos que isso é um fato que se manifesta quando estamos atentos ao que fazemos. Como o que acontece neste momento, nesta manhã sombria, com o autor que maneja o computador, e as palavras vão surgindo como as águas de uma oculta fonte. Palavras que devem ser ditas e difundidas para ajudar a muitos seres humanos que sofrem, pois não sabem "abrir os olhos" para ver a verdadeira luz que emana de todas as coisas. Um dia o autor passará, como passam todas as coisas, mas essas palavras ficarão e, quem sabe, poderão tocar e modificar a vida de alguém que não o conhece ou conhecerá.

Gostaríamos de abordar, a seguir, a "determinação" (*virya*) como sendo de excepcional importância. Se ela nos faltar, o primeiro passo da grande jornada nunca será dado. Não deixem para amanhã. Não posterguem jamais o que é vital para a sua vida. Fico triste quando ouço muitos dizerem que essas coisas ficarão para depois, sempre um depois, quando eu tiver tempo, for aposentado etc. Algo que nunca acontecerá, se não tiveres a **coragem** de abrir os 'olhos' **agora** e vir uma **luz** que nunca viste pois passas a maior parte da vida completamente adormecido, trabalhando como uma máquina, sem inspiração ou muito menos aspirações pela verdadeira vida que a **teosofia** de todas as épocas revelou e revela. Aí está a salvação do ser humano.

É a sua transformação, como a de um casulo numa bela borboleta. A imagem poética é antiga, mas conserva na alegoria do seu significado toda uma mensagem de esperança, de redenção. Quando atingirmos o estágio alcançado pelos místicos de todas as épocas, teremos por fim nos "humanizado", ou, se quiserem, podemos dizer, teremos nos libertado, aproximado-nos da sublime meta que é chamada por vários nomes em várias religiões, em várias épocas — *samadhi*, *nirvana*, *satori*, Deus, *Adonai*, *Allah*. O que importa é essa experiência na carne que pode ser por nós sentida, que nos torna diferentes, que faz com que estejamos vivos, pela primeira vez, em nossas intermináveis vidas. Aquela mudança de estado psicológico que ocorre, conforme a Teosofia eterna revela, em todos aqueles que cruzaram, como dizem os budistas, a outra margem. A alegria, o entusiasmo que se sente, não pode ser descrito por palavras. Só os poetas — como demonstram — os verdadeiros poetas podem se aproximar desse inefável estado. Ou os músicos, tais como Beethoven, Wagner, Mahler, Mozart e tantos outros em suas sinfonias. Ou os filósofos, nos seus altos vôos, tais como Platão, Amônio Sacas, Plotino, Leibnitz, e outros, que tiveram a sublime intuição revelada. Ou cientistas tais como Einstein e muitos outros, que tiveram essa visão unitiva através dos seus laboratórios e nas suas elucubrações matemáticas. Não podíamos deixar de mencionar a extraordinária mulher chamada Helena Petrovna Blavatsky, que trouxe de volta ao mundo, no século XIX, a antiguíssima Teosofia. A sua vida e a sua obra são um claro testemunho da possibilidade de viver uma vida espiritual no meio das adversidades e desafios, como os que teve que enfrentar, além das calúnias que foram contra ela levantadas. Deixamos de mencionar outros nomes de teósofos ilustres, uma vez que o nome de Blavatsky é a síntese das idéias apresentadas por todos os outros.

Quantos aos textos de origem teosófica, que foram e são intensamente divulgados pela Sociedade Teosófica, podemos considerar três deles como sendo fundamentais, pois expressam aquilo que foi dito neste livro e neste capítulo sobre **A Mística na Teosofia**. São eles *A Voz do Silêncio,* devidamente traduzido e comentado no seu terceiro fragmento nesta obra. O segundo é o famoso *Aos Pés do Mestre,* cuja autoria é atribuída ao jovem Jiddu Krishnamurti.

Já o terceiro livro, *Luz no Caminho*, é um tratado que se inicia com a seguinte clara advertência:

Escrito para o uso pessoal daqueles que são ignorantes da sabedoria oriental e que desejam colocar-se sob sua influência.

Comentário: deixamos de lado as circunstâncias como este pequeno livro foi produzido, pois são coisas temporais, sujeitas a todas as interpretações falíveis como tudo que procede do tempo e circunstâncias locais; fazemos questão de ressaltar a clareza da advertência que mostra que há uma **sabedoria oriental**, e isso é o que importa, e que todos que se dispuserem a isso, sob condições que o texto revela, poderão **entrar sob a sua influência.**

Luz no Caminho

I

Essas regras foram escritas para todos os discípulos:

Presta atenção a elas.

Pois antes que os olhos possam ver têm que ser incapazes de lágrimas. Antes que o ouvido possa escutar, tem que perder a sua sensibilidade. Antes que a voz possa falar na presença dos Mestres, tem que perder o poder de ferir. Antes que a alma possa ficar de pé, na presença dos Mestres, os seus pés devem ser lavados no sangue do coração.

1. Mata a ambição.

Comentário: as condições básicas são dadas. Anote a importância da atenção, pois sem ela nada se conseguirá e é melhor que o leitor desatento deixe este livro de lado porque todos os caminhos para a verdadeira vida espiritual estarão fechados. **Isso é muito importante**!

A seguir vêm recomendações sobre os olhos, que deverão ser "incapazes de as lágrimas", de lamentos, autoflagelações, culpas e emotividade, que nos podem afastar do nosso objetivo principal: encontrar o mestre interno. A menção simbólica a "lavar os pés no sangue do coração" indica que é através dos nossos sofrimentos espirituais, na nossa busca que, muitas vezes, faz o nosso "coração" sangrar, que podemos ir a sua Presença. E por fim com um trovão a frase: 1. Mata a ambição! O que isso significa? A ambição é o maior obstáculo, principalmente na vida material e ainda mais na espiritual, pois é uma "tensão", uma ânsia para alcançar uma meta que não poderá existir quando essa meta é a libertação da criatura humana. Não podemos ter ambição nos nossos corações, anseios, mesmo inconscientes de realização. Temos que nos entregar completamente nas mãos Daqueles que nos estão auxiliando. Como diz uma antiga máxima, "quando o discípulo está pronto, o Mestre aparece". Mas esse aparecimento não é possível enquanto carregarmos dentro de nós a ambição para encontrá-Los. E o texto continua:

2. Mata o desejo pela vida.

Comentário: esta máxima é profundamente enigmática para alguns; tomada ao pé da letra, o que não é o objetivo do Ser Iluminado que a pronunciou, poderá parecer um contra-senso. No entanto, se trabalharmos além do sentido direto impositivo das palavras, veremos que o mestre está se referindo às "pseudo-vidas" que vivemos, àquilo que gostamos de chamar de "vidas em segunda mão", que são o produto de um *karma* mecânico dos condicionamentos, das influências recebidas pela educação, ou dos livros ou das propagandas a que estamos submetidos. São essas influências que devem ser postas de lado, a fim de que possamos gozar a verdadeira *vida*. É por isso que o Mestre adverte de maneira tão cortante: "Mata o desejo pela vida". Deve ficar claro que isso não significa um "suicídio", e, sim, a colocação no seu devido lugar, do nosso pequeno eu, um "reizinho" que pensa ser o senhor da casa, mas que é, apenas, um servo para ser dirigido pelo verdadeiro Senhor que é o nosso Eu espiritual, que é Divino e em sintonia com os Mestres que são seres totalmente liberados de desejos carnais.

Continuemos:

3. Mata completamente o desejo por conforto.

Comentário: outra frase cortante, sibilina, que merece que a trabalhemos juntos. O que é o conforto, seja físico ou espiritual, senão uma fuga, um descanso, uma negação da atividade? Queremos conforto pois não queremos ser perturbados nos nossos "castelinhos"; julgamo-nos como os reizinhos das histórias em quadrinhos. Novamente surge a palavra desejo, que é uma antítese de tudo que é espiritual. O desejo na visão hindu e budista é *klesha*, uma impureza a ser removida juntamente com as outras. Algo que dificulta a eclosão do alvorecer da verdadeira vida espiritual.

4. Trabalha como aqueles que são ambiciosos trabalham. Respeita a vida como aqueles que a desejam. Busca ser feliz como aqueles que vivem para obter essa felicidade.

Busca no teu coração a fonte do mal e arranca-a. Pois ela vive frutificando no coração do discípulo devoto, bem como no coração do homem que deseja. O fraco tem de esperar que ela cresça, amadureça e morra. E é uma planta que vive e cresce através das idades. Ela floresce quando o homem acumulou em si mesmo inumeráveis existências. Aqueles que querem entrar na senda do poder têm que arrancar tal coisa do seu coração. E então o coração sangrará, e toda vida do ser humano parecerá ser completamente dissolvida. Esta provação tem que ser suportada; pois vem no primeiro degrau de uma perigosa escada que leva à senda da vida; ela pode não ocorrer até o último degrau. Mas Ó discípulo, lembra que ela deverá ser suportada, e armazena todas as energias da tua alma para essa tarefa. Não vive nem no presente, nem no futuro, mas no Eterno. A erva daninha não poderá lá florescer; este impedimento para a existência é completamente varrido pela própria atmosfera do pensamento eterno.

Comentário: neste versículo profundo o discípulo é advertido sobre os perigos na senda. E o texto fala claramente da "fonte do mal" que está dentro de nós e impede o nosso florescimento espiritual. E somente os "fortes" poderão exterminá-la. E nos fala da provação que iremos passar. E nos dá um conselho de importância capital, quando diz: 'Não vivas no presente, nem no futuro, mas no Eterno'. Aí está a verdadeira chave da vida espiritual: Viver no Eterno! Pois na realidade não há nem o ontem, nem o amanhã, nem o agora, pois vivemos desde todo o sempre no Eterno e não temos percepção disso principalmente devido aos nossos sentidos e aos nossos condicionamentos de várias espécies a que fomos submetidos em inumeráveis vidas. Quando vivemos no Eterno, tudo adquire uma nova significação; uma nova vida até então desconhecida desabrocha em tudo e em todas as coisas. Há vários testemunhos disso dados por místicos de todas as épocas. Cito, aqui, o do Professor D.T. Suzuki, do Japão, que reproduziu um momento de êxtase ocorrido no pequeno jardim florido de sua casa assim: *Ó maravilha! Ó maravilha!! Ó maravilha!!!* E nada mais disse, pois o Eterno não pode, a não ser muito tenuamente, ser expresso em palavras.

Continuemos:

5. Mata todo o desejo do sentido de separatividade.

Comentário: a separação advém da limitação dos nossos sentidos, especialmente da nossa mente que está fortemente impregnada por percepções sensoriais. Enquanto nos julgarmos separados, estamos vivendo num mundo irreal. E isso vem de muito longe, desde os conceitos astronômicos de Ptolomeu que considerava a Terra plana, no centro do universo, ao redor da qual giravam todos os planetas, o Sol e as estrelas, que nos deixaram marcas profundas na nossa consciência até serem destroçados pela nova concepção de Copérnico — e, mais recentemente, pela visão de Albert Einstein e dos físicos modernos. Outro fator ainda enraizado em nós é procedente do dito que afirma que: "O homem é a medida de todas as coisas!" o que é um grande absurdo pois todas as coisas, desde um infinitésimo vírus, até uma estrela, todas as coisas visíveis e invisíveis que permeiam o universo são a medida de todas as coisas! E tal pensamento expande a nossa limitada consciência permitindo que ela cresça até atingir aquilo que muitos denominaram de consciência cósmica.

Continuemos:

6. Mata todo desejo por sensação.

Comentário: as sensações são a percepção instantânea, ou quase, de qualquer modificação no contexto em que vivemos. Elas procedem dos nossos seis sentidos. (Aqui incluímos o sexto sentido — a Mente — como os hindus fazem). São elas que nos permitem estabelecer um contato com o mundo externo; são estradas que partem dos nossos limitados seres para os outros que estão ao nosso redor ou dentro de nós. Quando desejamos essas percepções ao invés de simplesmente sentir, estamos criando uma grande e quase intransponível barreira entre nós e os outros. O homem espiritual, o ser profundamente realizado, como está de fato, em contato com todos os seres existentes e, entretanto, não há qualquer desejo nesse contato. Assim ocorre, por exemplo, com o Sol que brilha sobre mares e continentes, desertos e florestas, favelas e grandes cidades; com os pântanos e os lagos cheios de lótus e se dá integralmente, sem qualquer desejo de retribuição. É esse o estado de completa doação, típico de um ser humano comum, sem qualquer luz a sua volta, que se transforma em uma estrela.

7. Mata completamente toda fome por crescimento.

Comentário: devemos exterminar qualquer apetite, qualquer "fome" por crescimento. Nada devemos ansiar senão saber esperar que a semente esteja madura. Isso só vai ocorrer quando apresentarmos as condições para tal crescimento. Podemos comparar a vida espiritual com a agricultura. Saber lavrar a terra, exterminar o que é maléfico, regar, proteger contra invasões, estar sempre completamente atento dia e noite, e aguardar pacientemente sem querer que as coisas ocorram antes do tempo exato. É isso que significa matar completamente toda fome por crescimento.

8. Todavia permanece sozinho e isolado, porque nada que é corporificado, nada que é cônscio da separação, nada que está fora do Eterno, poderá te auxiliar. Aprende da sensação e observa isso, pois só assim poderás começar a ciência do autoconhecimento, e coloca o teu pé no primeiro degrau da escada. Cresce como a flor cresce, inconsciente mas ardentemente, ansioso para abrir a tua alma ao pleno ar. Então deverás pressionar em frente para os poderes e abrir a tua alma para o Eterno. É o Eterno que produz a tua força e beleza, e não deverás desejar o teu crescimento. Pois, num caso, desenvolverás uma luxuriante pureza e, em outro caso, endurecerás pela força da paixão por querer atingir uma estatura pessoal.

Comentário: neste versículo o texto chama a nossa atenção para pontos fundamentais para uma vida espiritual. Primeiro: permanece só, pois somente o Eterno poderá auxiliar-nos.

Aprende com as sensações, pois são nossos professores a cada momento, para alcançarmos o autoconhecimento.

Cresçamos tal como as flores, sem esforço, porque está na sua íntima natureza esse crescimento que não deve ser forçado, mas estimulado.

9. Deseja somente o que está dentro de ti.

Comentário: é muito importante que esse anseio esteja dentro de nós. Não devemos nem podemos ansiar pelo que está fora. No caso da vida espiritual, ela existe potencialmente como um botão de lótus dentro de nós esperando apenas a luz do "Sol" para poder romper a sua casca. Muito mais importante do que conscientizar é vivenciar essa presença assim como a mãe sente no seu ventre o seu óvulo fecundado que, com o tempo, começa a se mexer, a dar sinal de sua presença dentro dela. Nós todos temos dentro de nós esse "óvulo" que será fecundado pelo poder criador do "Espírito Santo", dizem os cristãos; pela compaixão do Senhor Buda, dizem os budistas; por *Allah,* dizem os muçulmanos e assim por diante.

10. Deseja apenas o que está além de ti.

Comentário: novamente uma frase aparentemente enigmática. Uma esfinge a ser desvelada que, no entanto, poderá ser penetrada quando pensamos na existência, em nós, de dois eus completamente diferentes. Um que se julga rei, mas que é apenas um usurpador temporário, que é o nosso eu inferior que se julga o dono da casa. O outro, o verdadeiro Senhor, é o Eu Espiritual, mônada, *atman* ou qualquer nome que lhe seja dado, que está além de ti.

Nessa expressão "ti" está a menção do eu inferior, do falso rei, que se julga dono de nós, quando é apenas um servo rebelado, que é útil na vida diária, mas que deve ser colocado no seu devido lugar quando se torna inconveniente para o alvorecer de uma vida espiritual.

11. Deseja somente o que é inalcançável.

Comentário: o inalcançável é o que a nossa mente condicionada não atinge, produto hereditário de genes que procedem de sucessivas vidas, e que têm, dizem os geneticistas, o seu próprio DNA diferente de todos os DNA que existiram, existem ou possam existir. Esse salto para o aparentemente inalcançável possui nomes diferentes em diversas escolas místicas, é o *nirvana* no Budismo em geral, o *samadhi* no Hinduísmo, Deus no Cristianismo, o mergulho em *Adonai* no Judaísmo, ou em *Allah* no Islamismo, ou no *Tao* no Taoísmo etc, ou o 'salto transversal' — *ocho* — no Budismo da Terra Pura.

12. Pois dentro de ti está a luz do mundo — a única luz que pode ser jogada sobre a senda. Se não fores capaz de percebê-La dentro de ti, é inútil olhares para outras partes. Está além de ti, pois quando a atingires te perderás a ti mesmo. É inalcançável, pois sempre se afasta. Entrarás nessa luz mas nunca tocarás na chama.

Comentário: é importantíssimo saber que é indispensável o verdadeiro 'percebimento' interno porque se não for assim, nunca irás atingir aquilo que se denomina "chama". Essa chama existe em nós, porém está protegida de uma forma variada de qualquer intrusão por parte daqueles que não estiverem devidamente preparados. Neste versículo, está bem claro que podemos alcançar essa Luz, ou seja, ter consciência de que ela existe em nós, mas nunca a tocaremos a não ser que todas as condições até aqui mencionadas sejam rigorosamente cumpridas pelo discípulo.

13. Deseja ardentemente o poder.

Comentário: novamente um novo enigma em virtude das várias interpretações possíveis da mesma palavra que já foi, no plano inferior, rechaçada. Mas agora o poder é vibrado numa tônica muito mais elevada, pois as palavras possuem diferentes entonações e significados, dependendo da tônica prevalecente. É como ocorre na música com as sete notas musicais que podem ir do mais elevado vôo da espiritualidade até o mais baixo e profundo sentido na mediocridade e carnalidade. O poder que devemos possuir é, portanto, esse poder em tom maior, característica da vida espiritual, quando os poderes advindos dos desejos sensoriais, carnais foram deixados de lado e a ascensão surgiu em face da cessação desses poderes nascidos de puros desejos materiais.

14. Deseja frementemente a Paz.

Comentário: a tônica é a mesma do versículo anterior. O que foi dito se aplica à paz, que é, entretanto, completamente diferente da paz dos cemitérios, é aquela que buscamos nas nossas atribuladas vidas sem rumo definido. Há uma profunda diferença entre paz e paz e a paz. Aí estão três palavras grafadas de forma diferente. E poderia haver uma quarta, se fosse possível graficamente iluminar as letras de uma palavra. Mas como isso não é possível, perdoem-me os gráficos que compuseram este texto, a Paz aqui mencionada é a quarta Paz que não está aqui iluminada por dentro. Pensem nisso em profundidade.

15. Deseja as possessões acima de tudo.

Comentário: novo mistério, novo quebra-cabeças, a que se aplicam as considerações feitas nos versículos 13, 14 e 15. As posses são aquelas que materialmente não alcançamos por mais ricos que sejamos. São as posses espirituais, as únicas que nos enriquecem verdadeiramente, e que o Mestre procura nos transmitir para que mudemos de estado como o faz a água, passando do líquido para o sólido e para o gasoso. E eu diria que, no estado da vida espiritual, é hipergasoso, mas a água é a mesma, nós somos seres humanos que estão condenados a ser Deuses, quer queiramos ou não, pois o Senhor Buda, o Supremo Iluminado disse em frases lapidares:

1) Todos os seres são budas em potencial.
2) Existem tantos budas como os grãos de areia do rio Ganges.

16. Mas aquelas posses têm que pertencer somente à alma pura, e serão possuídas, portanto, igualmente por todas as almas puras, e, assim, será uma especial propriedade de todos quanto estiverem unidos. A fome por essas posses que podem ser obtidas pelas almas puras, e que tu poderás acumular riqueza por aquele unido espírito de vida que é somente o teu verdadeiro *ser*. A paz que deverás desejar é aquela sagrada paz que nada poderá perturbar e onde a alma cresce como o faz a santa flor nas tranqüilas lagoas. E aquele poder a que o discípulo deverá aspirar é o que faz com que ele apareça como nada aos olhos dos homens.

Comentário: a condição de 'alma pura' está a nossa disposição. Quando isso ocorrer, e atingirmos esse sublime estado, estaremos entrando num grupo imenso de 'almas puras', e isso nos fará sentir 'diferentes' dos seres humanos comuns e cotidianos. Não seremos melhores ou piores do que eles, pois, se assim julgarmos, perderemos instantaneamente essa condição de 'alma pura' que só brilha quando não há mais qualquer separatividade nem qualificações. E juntos trabalharemos silenciosamente, porque, geralmente, palavras escritas ou faladas a pouco levam, quando não há uma real mudança de estado em nosso interior. A expressão verdadeiro *ser* refere-se ao Eu Superior, Divino, que está latente dentro de nós, um sol encoberto por nossos banais pensamentos, palavras e ações. A flor sagrada é a imagem do *lótus* mergulhado na lama — como todos nós — que é atraído pela luz e se abre ao Sol do espírito.

17. Busca fora o caminho.

Nota: estas palavras parecem estar sendo desprezadas, talvez, para ficarem sós. O discípulo deverá perguntar: "Deverei eu estudar realmente esses princípios, não deverei procurar o caminho?" Todavia não deves passar apressadamente nisso. Faz uma pausa e considera o que foi dito por algum tempo. É essa a senda, o caminho que desejas, ou haverá uma tênue perspectiva nas tuas visões das grandes escaladas a serem por ti trilhadas, num futuro muito remoto para perceberes? Tem cuidado. Pois o caminho deve ser buscado por si próprio e não levando em consideração os teus pés que o trilharão.

Há uma correspondência entre esta regra e a de número dezessete da segunda série. Quando após eras de lutas e muitas vitórias venceres a batalha final, e o segredo final for revelado, então estarás preparado para um novo caminho. Quando o segredo final desta grande lição for contado, será aberto um mistério para um novo caminho — um caminho que te levará para fora de toda experiência humana, e que está completamente além da percepção ou imaginação humanas. Em cada um desses pontos é necessário fazer uma pausa para ter certeza de que o caminho foi escolhido por sua própria razão de ser. O caminho e a verdade vêm em primeiro lugar e, então, segue-se a vida.

Comentário: esse versículo possui uma imensa profundidade, pois nos leva ao que não é humano no sentido relativo da palavra, mas, sim, ao "trans-humano". É a idéia de que a nossa senda, o nosso caminho, é apenas um caminho naquilo que está, como é dito, "completamente além da percepção ou imaginação humana." Para alcançarmos uma pálida visão desses supremos e enfumaçados horizontes humanos, vamos remontar ao passado, a seres que tiveram essa percepção. Seria impossível citarmos todos; seguem alguns que deixaram marcas na Sabedoria Divina, na Teosofia sobre a qual falamos. Começamos com os sagrados Mestres da Índia Antiga, os *rishis* que já falavam na pluralidade dos mundos, conforme pode ser constatado nos *Vedas*, nos *Puranas,* onde se fala de *Brahamanandas*, ou seja, os ovos de *Brahma*, incontáveis no universo. Cada um desses 'ovos' é nada mais do que aquilo que modernamente se chamam galáxias. Devemos recordar, com reverência, o mártir Giordano Bruno, queimado em 1600 d.C., pela Inquisição, pelo crime de afirmar a imensidade dos universos, bem como Helena Blavatsky que, em sua obra *A Doutrina Secreta* escreve sobre isso. Dessa forma, a evolução sendo um fato indiscutível, a libertação, uma meta enunciada por todas as religiões, o que acontece quando o ser humano atinge o máximo da sua possibilidade humana e transforma-se em um Buda, em um *tirtankara*, em Deus, ou o nome que quiseres dar, de acordo com a tua formação, ao pináculo da existência humana. É lógico que a marcha ascensional continua e que nesta galáxia ou dentro dela, esses seres que como disse o Buda são tão numerosos como os grãos de areia do rio Ganges continuarão a sua infinita ascensão, até algo que é "trans-humano" pois está além da concepção e percepção do ser humano vulgar.

O mesmo pensamento abrangente de uma "trans-humanidade" já era conhecido no Antigo Egito através de Hermes Trismegistos que já nos dava essa visão transcendente de um universo infinito. A moderna Astronomia com recursos de radiotelescópios, que tentam contatos com outras formas de vida, ou através do observatório espacial do Hubble, ampliou extraordinariamente a noção deste imenso universo no qual a Terra está inserida como um minúsculo cisco. Os horizontes de hoje são completamente diferentes dos de ontem. Já se pode sonhar com aquilo que chamo de uma física "instantaneísta" que substituirá em termos a Relatividade de Einstein e que permitirá contatos instantâneos com outros mundos e realidades. Tudo isso é possível, e está nascendo agora, diante da humanidade.

18. Busca o caminho retraindo-te para dentro.

Comentário: o caminho, a chamada senda, está dentro de nós, e também debaixo dos nossos pés. O que temos que fazer é interiorizar-nos cada vez mais, sem deixarmos, entretanto, de fazer parte do nosso mundo externo, pois estaríamos, então, caindo num perigoso estado psicótico ao cortar literalmente todos os pontos de apoio com a nossa realidade exterior e transformar-nos em um mero vegetal. Não, o caminho não é esse! Uma deliciosa historinha Zen, representada por pequenos quadros, chamada "Os doze quadros da conquista do touro selvagem", mostra um pequeno pastor que depois de ter perdido um belo e selvagem touro negro, consegue montá-lo, domá-lo e volta para casa. Atinge a iluminação resplandecente no alto de uma colina: o touro, a paisagem e tudo desaparece num Nada. Mas pouco depois ele volta e é visto, no último quadrinho, no meio do mercado comprando frutas de um mercador. O ser realizado nunca se isola. Pelo contrário, participa a sua plenitude e ajuda aos outros seres a encontrarem.

É o mesmo caso apresentado na antiga tradição judaica da existência dos *tzadiques*, que são pessoas desconhecidas pela grande multidão, mas no seu silêncio trabalham ativamente pela humanidade. Ou nos santos cristãos ou nos muçulmanos, ou nos *sadhus* — homens santos — da Índia que, apesar de morarem nos seus retiros (*ashrams*) ou em grutas retiradas nas montanhas, estão sempre presentes nesse trabalho de auxiliar os que ainda não despertaram para encontrar as suas sendas, os seus caminhos.

19. Busca o caminho avançando intrepidamente fora.

Comentário: enquanto o versículo anterior fala no internamente, este se refere ao externamente. Externo e interno são duas faces de uma coisa que é una, pois não há, em última análise, o dualismo. Pessoas extraordinariamente ativas como os *karma*-iogues na Índia encontram a sua realização no trabalho atuante por uma causa social ou por uma casta de párias deserdados pelo destino. Temos, ainda, os exemplos de Mahatma Gandhi, Albert Schweitzer e Madre Tereza de Calcutá e de todos que, através de uma intensa participação social, realizam-se espiritualmente.

20. Não busca isso por qualquer estrada. Pois para cada temperamento há uma estrada que parece ser a mais desejável. Mas o caminho não é somente encontrado pela devoção, por um ardente progresso, ou pelo auto-sacrificante trabalho, ou pela estudiosa observação da vida. Nada somente pode levar à frente o discípulo do que o primeiro passo por ele dado. Pois todos os passos são necessários para galgar a estrada. Os vícios dos homens podem se transformar em degraus da escada, um por um, à medida que eles são vencidos e nós subimos. As virtudes do ser humano são na verdade passos necessários — e não podem ser de nenhuma maneira dispensados. Todavia, embora eles criem uma atmosfera adequada e um feliz futuro, são inúteis se estiverem sozinhos. Pois toda a natureza do ser humano tem que ser sabiamente usada por aquele que desejar entrar no caminho. Cada homem é para si mesmo absolutamente o caminho, a verdade e a vida. Mas ele é isso somente quando ele capta toda a sua individualidade firmemente e, pela força da sua despertada vontade espiritual, reconhece que essa individualidade não é como ele mesmo, mas aquela coisa que ele com a dor criou para o seu próprio uso e por meio da qual ele propugna, à medida que o seu crescimento lentamente desenvolve a sua inteligência, para alcançar a vida além da individualidade. Quando ele por fim conhece que este maravilhoso complexo de vida separada existe, então, na verdade, e somente então, ele está no seu caminho. Busca isso mergulhando nas profundezas misteriosas e gloriosas do teu próprio ser mais interno. Busca isso testando toda a experiência, utilizando os sentidos a fim de compreender o crescimento e a significação da individualidade, e a beleza e a obscuridade daqueles divinos fragmentos que estão lutando lado a lado contigo, e formam a raça a que pertences. Busca isso pelo estudo das leis da Natureza, as leis do supernatural, e busca fazendo uma profunda obediência da tua alma à tênue es-

trela que brilha dentro de ti. Então, firmemente, à medida que observares e cultuares, a sua luz tornar-se-á cada vez mais intensa. Então poderás constatar que encontraste por fim o começo do teu caminho. E quando tiveres encontrado o fim desse caminho, essa luz tornar-se-á uma luz infinita.

Nota: Busca isso testando todas as tuas experiências; e relembra que quando assim digo eu não quero dizer: "Submete-te às seduções dos sentidos a fim de conhecê-las". Antes que te tornes um ocultista tens de fazer isso; e não posteriormente. Quando escolheres e entrares na senda não poderás manter essas seduções sem te envergonhares. Todavia poderás experimentá-las sem sentir horror; podes pesá-las, observá-las e testá-las, e esperar com paciência e confiança aquela hora em que elas não mais te afetarão. Mas, entretanto, não condenes o homem que ainda não se libertou; estende a tua mão para ele como o faz um irmão peregrino cujos pés se tornaram pesados com a lama. Relembra, Ó discípulo, quão grande pode ser o golfo entre o bom homem e o homem que alcançou o limiar da divindade. Portanto trata de ser profundamente cauteloso pois cedo poderás estar fantasiando a realidade. Quando tiveres encontrado o começo do caminho, a estrela de tua alma mostrará a sua luz; e por essa luz poderás perceber quão grandes são as trevas onde ela brilha. A mente, o coração e o cérebro todos são obscuros e em trevas até que a primeira batalha tenha sido vencida. Não fiques petrificado e terrificado pela visão. Mantém os teus olhos fixados na pequena luz e ela crescerá. Mas deixa que as trevas internas possam te ajudar a compreender a situação dolorosa daqueles que ainda não viram essa luz, cujas almas estão numa profunda escuridão.

Não os culpes. Não te afastes deles, mas tenta levantar um pouco o pesado *karma* do mundo; e auxilia as poucas e fortes mãos que mantêm longe os poderes das trevas impedindo que conquistem uma completa vitória. E, então, entrarás na parceria com a alegria, que traz na verdade uma terrível luta e uma profunda tristeza, mas também uma grande e profunda delícia."

Comentário: este versículo é profundo na sua significação, especialmente para aqueles que já estiverem no caminho e que não devem esquecer de tentar erguer o pesado *karma* do mundo, porque o caminho do discipulado, apesar de levar à delícia suprema da libertação, exige um sacrifício constante do discípulo que se dispõe a levar um pouco da luz da sua alma que começa a brilhar — vencendo as trevas internas — até os que estão profundamente mergulhados na escuridão. A auto-iluminação não é o afastamento do mundo; ao contrário, é uma extrema e ativa transmissão para os irmãos que ainda não encontraram a luz interna nos seus corações.

21. Olha para a flor que desabrocha no silêncio que se segue à tempestade e, não, antes. Ela crescerá e dará rebentos, e fará ramos e folhas de onde nascerão botões, enquanto a tempestade continua, enquanto dura a batalha. Mas

até que toda a personalidade do homem seja dissolvida e derretida — até que ela seja sustentada como um divino fragmento que a criou, como algo para ser submetido a uma importante experiência e experimentação — e até que toda natureza possa ser submetida e transformada num súdito do Ser elevado, não poderá o botão se abrir. Então sobrevirá uma calma como a que vem num país tropical depois de uma chuva pesada, quando a Natureza trabalha tão rapidamente que podemos vê-la em ação. Tal calma virá para um angustiado espírito. E no profundo silêncio em que ocorre o misterioso evento provará que o caminho foi por fim encontrado.

Comentário intermediário: é de profunda importância a dissolução da personalidade humana, que impede e distorce a Realidade. Eu diria em vez de diluição, a transcendência dessa personalidade o que não significa a sua total destruição, pois ela é útil quando se trata do conhecimento, como diz Krishnamurti; que não nos esqueçamos do nosso nome, nem de pagar nossas contas ou de manter com o meio relacionamentos saudáveis. O transcender é poder passar por cima, deixando de lado momentaneamente essa personalidade para alçar o grande vôo que está à nossa espera.

Continuemos:

...Chama a isso pelo nome que quiseres chamar, mas é como uma voz que fala onde não existe ninguém para falar — é como um mensageiro que vem, um mensageiro sem forma ou substância: ou é como a flor da alma que se abriu. E que não pode ser descrita por qualquer metáfora. Mas que pode ser sentida depois, olhada, e desejada, mesmo no meio de uma fragorosa tempestade...

Comentário adicional: nesse versículo há uma clara menção à Voz do Silêncio, àquela flor da alma que se abriu. Quando sentirmos isso dentro de nós, seremos um novo ser dentro do velho ser. Alguém que despertou, sentiu e viu a luz pela primeira vez e não mais poderá esquecê-la, mesmo que, 'cego', venha a ficar momentaneamente atendendo aos chamados da sua família, ou da sociedade onde está inserido. Pois esse ser que foi 'tocado' não desaparece subitamente desse mundo onde laços *kármicos* ainda o prendem. Só que agora, apesar de preso, ele se sente totalmente livre pois, pela primeira vez, sentiu a experiência da clara luz de que falam os místicos tibetanos.

Continuemos:

...O silêncio pode durar um momento ou mil anos. Mas ainda assim terminará. Mas carregarás contigo a sua força. Novamente terás que lutar a batalha e vencê-la. Pois é só por um instante que a Natureza poderá parar.

Nota: A abertura do botão é um glorioso momento, quando a percepção desperta; com essa abertura vêm a confiança, o conhecimento, a certeza. A pausa da alma é o momento quando ocorre essa maravilha, e o próximo momento é o da satisfação — isto é o Silêncio.

Comentário adicional: quando somos tocados por esse silêncio, num segundo ou em mil anos, ele irá permanecer para sempre em nós, pois nos dará a força que não tínhamos até então para suportar os embates da vida. É algo que nos tocará para sempre assim como a têmpera dada no metal aumenta-lhe a resistência para sempre.

Continuemos:

...Sabe, Ó discípulo, que aqueles que passaram através do silêncio e sentiram a paz retêm a sua força e anseiam que tu passes também por ele. Portanto, no Salão do Aprendizado, quando ele for capaz de lá entrar, o discípulo sempre encontra o seu Mestre.

Aqueles que pedem, recebem. Mas embora o homem comum peça perpetuamente, a sua voz não é ouvida, uma vez que ele pede somente com a sua mente; e a voz da mente só é ouvida onde a mente age. Portanto, até que as primeiras vinte e uma regras forem repassadas, eu digo que aqueles que pedem, terão o que tanto anseiam.

Ler, no sentido oculto, é ler com os olhos do espírito. Pedir é sentir a fome interna — o anseio por uma aspiração espiritual. Quando o discípulo está pronto para aprender, então ele é aceito, conhecido e reconhecido. E tem que ser assim, pois ele acendeu a sua lâmpada, e ela não pode ser ocultada. Mas aprender é impossível até que a primeira batalha seja vencida. A mente pode reconhecer a verdade, mas o espírito não pode recebê-la. Uma vez passada a tempestade e atingida a paz, é então sempre possível aprender, ainda que o discípulo vacile e volte de costas. A Voz do Silêncio permanece dentro dele, e embora ele abandone completamente a senda, todavia, um dia, ela voltará a ressoar e o deixará alerta e separado das suas paixões devido as suas divinas possibilidades. Então, com a dor e com o desespero dos gritos do deserdado ser inferior, ele retornará.

Portanto, eu digo: A Paz esteja contigo. "A minha paz eu te dou", poderá somente ser dito pelo Mestre aos seus amados discípulos que são como Ele mesmo. Há alguns mesmo entre esses que são ignorantes da Sabedoria Oriental, para os quais isso tem que ser dito diariamente com todos os detalhes.

"Fora do silêncio que é a paz, uma ressonante voz elevar-se-á. E essa voz irá dizer: Nem tudo está bem; pois colheste e agora terás que semear. E, conhecendo que esta voz é o silêncio em si mesmo, tu obedecerás.

Tu que agora és um discípulo, capaz de ficar de pé, capaz de ouvir, capaz de ver, capaz de falar, e que conquistaste o desejo e atingiste o autoconhecimento, que viste a tua alma no seu florescimento e a reconheceste, e ouviste A Voz do Silêncio — vai agora para a Sala do Aprendizado e lê o que ali está escrito.
Nota: Ser capaz de ficar de pé significa ter confiança; ser capaz de ouvir é abrir as portas da alma; ser capaz de ver é ter atingido a percepção, ser capaz de falar é ter atingido o poder de ajudar aos outros; ter conquistado o desejo é ter aprendido como usar o controle do teu ser; ter alcançado o autoconhecimento é ter-se retirado para a fortaleza interna onde o homem pessoal pode ser visto com imparcialidade; ter visto a tua alma florescer é ter obtido uma momentâneo relance em ti mesmo da transfiguração que eventualmente irá te fazer mais do que um simples ser humano; reconhecer é alcançar a grande tarefa de olhar para refulgente luz sem abaixar os olhos, e não mergulhar no terror, como se estivesses diante de um pavoroso fantasma. Isso acontece com alguns, e quando a vitória é tudo, ela é perdida.

Ouvir a Voz do Silêncio é compreender que vinda de dentro de ti chega somente o verdadeiro guia; ir para a Sala do Aprendizado é entrar num estado onde esse aprendizado é possível. Então muitas palavras serão escritas para que leias, e escritas em ígneas palavras para que as leias facilmente. Pois quando o discípulo está pronto o Mestre está também pronto.

1. Fica de lado na batalha que está vindo, e, embora nela lutes, não sejas o guerreiro.

Comentário: cada uma dessas recomendações é importantíssima e merece que paremos e juntos façamos algumas considerações.

Como guerrear bravamente sem ser o guerreiro? Parece um paradoxo. Mas é na realidade a única posição que o verdadeiro guerreiro tem de tomar para não ser derrotado. Nas artes militares, de origem budista, está dito: "se tens diante de ti um inimigo, já estarás derrotado". A luta é inevitável pois é a vida. E viver é lutar a todos os momentos com circunstâncias as mais diversas. É impossível viver sem lutar. Mas é possível viver lutando, o melhor que pudermos, sem ter o adversário como inimigo. Para isso devemos seguir os ritmos da luta. E adotar o princípio da 'inação na ação' — em chinês *Wu-Wei*. Então a luta transforma-se num bailado onde a cada golpe recebido e devolvido não há qualquer rancor, e, sim, amor pelo nosso adversário. Seja ele uma pessoa, ou as inúmeras situações que encontramos na nossa vida diária. Cada uma delas é uma áurea oportunidade para a eclosão em nós da verdadeira vida espiritual. Se estamos fazendo um serviço comum, e sem importância para muitos, e que na Índia era entregue aos párias, tal como varrer o chão, ou limpar as instalações sanitárias, ou cozinhar, façamos disso uma oportunidade para a nossa realização espiritual. Como também no nosso trabalho cotidiano, ou nos momentos de lazer. Aproveita a luta. Mas não seja nunca um guerreiro!

2. Olha para o guerreiro e deixa que ele lute em ti.

Comentário: o que foi dito acima é complementado com essa recomendação. A menos que não queiramos um guerreiro — que é o nosso adversário — não devemos considerá-lo nunca como tal. E deixemos que ele lute em nós — como diz a recomendação acima. Podemos transformar o nosso 'inimigo' em alguém que nos auxilie com a sua atividade agressiva para que aperfeiçoemos as nossas qualidades interiores, assim como para polir um metal temos que, muitas vezes, demoradamente esfregá-lo para dar-lhe polimento. Para que possamos ser polidos, para que nossa luz brilhe intensamente, temos de nos submeter, nos embates da vida, a esse processo, sem nenhum ódio ou repulsa ao que nos fere; o trabalho está sendo feito, e devemos ser gratos ao que nos ocorre, uma vez que estamos mudando a nossa estrutura interior condicionada há milênios. Mas, se, pelo contrário, existir revolta, animosidade contra o que nos sucede, estamos fazendo o jogo do nosso mortal inimigo — *Mara* como dizem os hindus — o tentador que quer impedir a todo custo que nos libertemos da sua ação. Estejamos atentos a isso!

Continuemos:

3. Ouve as suas ordens para a batalha e obedece a elas.

Comentário: não podemos nos alienar da vida e refugiar-nos em mosteiros ou ir para o pico das montanhas. Temos que estar alertas aos chamados da vida e *ouvir* as suas ordens. E temos que obedecer a elas. Este é o espírito, por exemplo, do grande épico *Bhagavad Gita* que relata uma batalha antes que ela acontecesse. Arjuna, um bravo guerreiro, reconhecido por todos, sente que não deve lutar, pois à medida que passa com a sua carruagem, conduzida pelo Divino Krishna, através da terra de ninguém, vê, do lado "inimigo", amigos seus e parentes mais queridos e desespera-se com a possibilidade de ter que matá-los. Em profunda depressão, resolve não lutar. Krishna, simbolicamente o seu Eu Superior, aconselha-o a cumprir seu dever (*dharma*) de guerreiro (*kshatria*): lutar e não fugir, já que matar e morrer são a mesma coisa no plano eterno. Não podemos deixar é de atender o nosso *dharma* — a nossa lei interna, a nossa vocação.

Continuemos:

4. Obedece a ele, não como se ele fosse um general, mas como se ele fosse tu mesmo, e as suas palavras fossem a locução dos teus secretos desejos;

pois ele é tu mesmo, todavia infinitamente mais sábio e mais forte do que tu. Se o teu grito atingir o seu sensível ouvido então ele lutará em ti e preencherá o cansativo vazio dentro de ti. Então será impossível que possas perder qualquer golpe que dês. Mas se não olhares para ele, se passares por ele sem perceber, então não há qualquer garantia que possas ter. O teu cérebro ficará revolto, o teu coração incerto, e nele a poeira levantada pela batalha fará com que a tua visão e os teus sentidos fracassem; tu não distinguirás os teus amigos dos teus inimigos.

Ele é tu mesmo, todavia tu és finito e sujeito ao erro. Ele é eterno e é correto. Ele é a eterna verdade. Uma vez que tenha entrado e se tornado teu guerreiro, ele nunca mais te desertará, e no dia da grande paz ele se tornará uno contigo.

5. Ouve a canção da vida.

Nota: Olha para ele e ouve isso com o teu coração. Primeiramente poderás dizer: "Ele não está aqui; quando eu o busco, só encontro discórdia." Olha profundamente. Se ainda estiveres decepcionado, faz uma pausa e olha profundamente de novo. Há uma melodia natural, uma fonte obscura em cada coração humano. Pode estar completamente oculta e completamente escondida e silenciada — mas lá está. Na base da tua natureza encontrarás a fé, a esperança e o amor; aquele que escolhe o mal, recusa-se a olhar para dentro de si mesmo, fecha os seus ouvidos para a melodia procedente do seu coração, como cega os seus olhos para a luz de sua alma. Ele faz isso porque pensa ser mais fácil viver com os desejos. Mas debaixo de toda a vida está uma forte correnteza que não pode ser obstruída; as grandes águas lá estão e são uma realidade. Encontra-as e perceberás que ninguém, nem a mais miserável criatura, é parte integrante daquilo; entretanto, ele se cega a esse fato e constrói para si mesmo uma fantasmagórica forma externa de horror. Nesse sentido é que te digo: todos esses seres que estão entre aqueles com que lutas são fragmentos do Divino. E tão decepcionante é a ilusão em que vives, que é difícil supores onde primeiro irás detectar a doce voz existente no coração dos outros. Mas sabe que, certamente, ela está dentro de ti mesmo. Olha para ela e uma vez que a tiveres ouvido, mais prontamente a reconhecerás a tua volta.

6. Guarda em tua memória a melodia que ouves.

Comentário: devemos estar plenamente atentos para ouvir essa melodia celestial e quando isso acontece devemos procurar retê-la para sempre em nossa memória, uma vez que ela virá em nosso auxílio nos inevitáveis momentos em que estamos envolvidos nas tempestades da vida, produtos *kármicos* das nossas existências individuais e coletivas. Quando essa melodia está sempre ressoando em nós, vinda da nossa memória, é um verdadeiro hino de esperança, um bálsamo nas feridas deixadas pelos encontros da vida. Voltemo-nos sempre para nosso interior e fiquemos atentos à suave melodia da paz, de um entendimento que está além das palavras, se quisermos ouvir a própria voz de Deus — ou o nome que quisermos dar *àquilo* — que está sempre presente nos momentos cruéis de nossas vidas.

7. Aprende com isso a lição da harmonia.

Comentário: há por trás de todos os conflitos, das guerras em todos os seus aspectos, das depressões uma harmonia que envolve a tudo. É como um imaculado pano de fundo onde as coisas se processam. É possível, tenham a certeza disso, alcançar esse pano de fundo de harmonia em todos os momentos em que necessitamos dessa serenidade. O Alvorecer da Vida Espiritual oferece-nos essa possibilidade, esse presente sem preço, de sentir, mesmo que seja remotamente, o gosto, ou o perfume, ou a presença do *nirvana*, do *satori*, do *samadhi*, de Deus, ou como quiserem denominar. A harmonia, a paz e a serenidade dos budas, dos santos, dos Iluminados estão em potencial dentro de nós.

Continuemos:

8. Poderás ficar de pé, agora, tão firme como uma rocha no meio de um temporal, obedecendo ao guerreiro que é tu mesmo e que é o teu Rei. Sem te preocupares com a batalha, mantém o teu voto, não tendo qualquer preocupação com o resultado dessa batalha, pois uma coisa somente é importante, que o guerreiro vencerá, pois agora sabes que ele é incapaz de ser derrotado — permanecendo assim frio e totalmente desperto, usando a audição que tu adquiriste pelo sofrimento e pela destruição desse sofrimento. Somente fragmentos da grande canção chegaram aos teus ouvidos enquanto tu eras somente um homem. Mas, se ouviste tais fragmentos, lembra-os fielmente, pois nenhum dos que te atingiu jamais será perdido, e tenta aprender através deles o significado daquilo que está a tua volta. Nesse tempo não precisarás qualquer instrutor. Pois assim como o que é individual não tem voz, assim como aquilo onde o individual existe, a vida em si mesma tem uma palavra e nunca está silenciosa. E a sua locução não é, como tu, que és surdo poderás supor, um grito; mas uma canção. Aprende disso que és uma parte dessa harmonia; aprende com isso a obedecer às leis dessa harmonia.

9. Olha com ardor toda a vida que está a tua volta.

Comentário: geralmente o ser humano é autocentrado na sua figura e vê somente esfumaçadamente o mundo a sua volta. Ou vê somente o que interessa: poder, dinheiro, honrarias, lucro etc. Para sermos verdadeiramente seres humanos, para nos individualizarmos, como dizia Carl Jung, temos de estar plenamente atentos a nós e ao mundo. Possuir aquele ardor que vê tudo pela primeira e pela última vez. Pois tudo é novo a cada instante, tudo está numa perpétua transformação. Quando olhamos com esse ardor, com esse calor nascido da plena atenção ao que é visto, tudo se transmuta. Não há mais um simples eu e os outros, mas, sim, um sentimento de totalidade, de participação, pois todas as coisas estão dinamicamente interligadas. É esse 'ardor' que dá gosto à vida, que passa a ser realmente vivida quando estamos atentos a nós e ao mundo. Um olhar, um beijo em quem amamos, um afago, um verso que nasce, uma pintura que surge na tela branca, a música que flui ao toque mágico do compositor, tudo isso é novo.

Continuemos:

10. Aprende a olhar inteligentemente para o coração dos homens.

Comentário: olhar inteligentemente significa olhar pela primeira vez para aquilo que nunca foi visto. Olhar no coração significa entrar na cidadela protegida que todos nós possuímos. Assim, podemos olhar os outros a nossa volta. Para isso é necessário que deste nosso coração, agora revelado, ou melhor desvelado, venha aquele impulso mágico, que possa tocar os outros e desarmá-los. Poderá, então, acontecer o milagre. Nenhum ser humano é uma fortaleza inexpugnável.

Continuemos:

Nota: A partir de um ponto de vista absolutamente impessoal, pois de outra forma o teu ponto de vista pessoal será colorido. Portanto, temos de compreender primeiramente a impessoalidade.

A inteligência é impessoal; pois nenhum homem é o teu inimigo, como nenhum homem é teu amigo. Todos eles são teus instrutores. O teu inimigo torna-se num mistério que terás que resolver, ainda que isso leve idades para ser alcançado; pois o ser humano tem de ser compreendido. O teu amigo torna-se numa parte de ti mesmo, numa extensão, num enigma duro de ser lido. Somente uma coisa é difícil de conhecer — o teu próprio coração. Até que os laços da personalidade sejam afrouxados, não poderá o profundo mistério do Ser começar a ser visto. E então, e não até esse momento, poderás usar todos os seus poderes e devotá-los a um nobre serviço.

11. Olha mais ardentemente o teu próprio coração.

Comentário: novamente a plena atenção é fundamental. A expressão "Olha" tem um grau impositivo. O mesmo ocorre com a palavra "ardentemente", quer dizer, pleno de intenção dos que verdadeiramente estão despertos e querem nos despertar. Se não houver esse ardor, a ação será tíbia, passageira e facilmente esquecida. A expressão "coração" não se refere ao nosso órgão, mas àquilo que é a vida de nossa vida, a nossa razão de ser, o nosso Ser Divino de onde nos vêm a paz, a inspiração, o amor, a compaixão.

Continuemos:

12. Pois através do teu 'coração' vem uma luz que pode iluminar a vida e fazê-la clara aos teus olhos.

Estuda os corações dos homens, com o que poderás conhecer o mundo em que vives e do qual és uma parte. Olha a constante mudança e movimentação da vida que te rodeia, pois ela é formada pelos corações de todos os seres humanos; e à medida que aprendes a compreender a sua constituição e significado, poderás, por graus sucessivos, ser capaz de ler a grande palavra da vida.

13. O ato de falar chega somente pelo conhecimento. Atinge esse conhecimento e, então, alcançarás o ato de falar.

Nota: É impossível auxiliar os outros até que tiveres obtido alguma certeza que podes fazer isso. Quando tiveres aprendido as primeiras vinte e uma regras e tiveres entrado na Sala do Aprendizado com os teus poderes desenvolvidos e os sentidos livres de prisão, então, constatarás que há uma fonte dentro de ti de onde a fala poderá surgir.

Após a décima terceira regra, eu não posso mais acrescentar qualquer palavra ao que foi escrito.

A minha **paz eu te dou.**

Essas notas foram escritas somente para aqueles a quem dei a minha **paz**; aqueles que as lerem perceberão o que eu escrevi tanto internamente quanto com os seus sentidos externos.

Comentário: é importantíssima essa observação feita pelo **Mestre**. Ele diz claramente que só aos seus discípulos elas foram dedicadas. Quem são esses discípulos? São todos aqueles que sintonizam a poderosa estação transmissora que a todos os momentos está a nossa disposição, dependendo apenas de **sintonia**. Mas todos poderão ser seus discípulos, pois seu amor por todos os seres é infinito.Quando decidirmos por esse caminho, aquela transmutação alquímica do chumbo em ouro ocorrerá e, então, poderemos sentir "o sentido interno e externo" de todas as palavras de *Luz no Caminho*.

14. Tendo obtido o uso dos sentidos internos, tendo vencido os desejos dos sentidos externos, tendo vencido os desejos da alma individual, e tendo obtido o conhecimento, prepara-te agora, Ó discípulo, para entrares no caminho (senda) da realidade. A senda foi encontrada. Faz com que estejas pronto para trilhá-la.

15. Pergunta à terra, ao ar e à água sobre os segredos que eles te ocultam. O desenvolvimento dos teus sentidos internos permitirá que faças isso.

Comentário: a descoberta desses segredos levou os alquimistas de todos os tempos a uma desesperada busca, muitas vezes infrutífera. Foi graças a esse ímpeto criador que os cientistas abriram novos horizontes ao mundo, pela observação, pela experiência, pelo esforço. Foi graças ao desenvolvimento dos sentidos internos que essa extraordinária percepção foi possível, tão maravilhosa que permite um êxtase.

Continuemos:

16. Pergunta aos Santos Seres da Terra sobre os segredos que guardam de ti. A vitória sobre os desejos dos sentidos externos irá te dar o direito a esses segredos.

17. Pergunta ao que é mais profundo, o *um*, o seu segredo final, que ele mantém através das idades somente para te dar.

A grande e difícil vitória sobre os desejos da alma individual é um trabalho de idades; portanto, não espera obter essa recompensa até que idades de experiência tenham sido acumuladas. Quando o tempo para o aprendizado desta décima sétima regra tiver sido alcançado pelo homem, o homem estará no limiar de tornar-se mais do que um homem.

18. O conhecimento, que é agora teu, é somente porque a tua alma tornou-se una com todas as almas puras e com aquilo que é mais interno. É a confiança colocada em ti pelo Mais Alto. Se o traíres, se mal usares o teu conhecimento, ou o negligenciares, e isso é possível, mesmo agora poderás cair do alto estado que alcançaste. Os grandes Seres, eles mesmos muitas vezes caem, quando estão no limiar, incapazes de sustentar o peso de sua responsabilidade, e incapazes de seguir em frente. Portanto, olha sempre para a frente com admiração e fervor neste momento, e prepara-te para a batalha.

19. Isso foi escrito para aquele que está no limiar da divindade, e nenhuma lei pode ser emoldurada, e nenhum guia pode existir. Todavia para iluminar o discípulo, a batalha final pode ser assim expressada:

Segura rápido aquilo que não é nem substância nem existência.

Comentário: essa última advertência é importantíssima para a nossa vida espiritual, pois, de fato, a existência e a substância são transitórias e não merecem que percamos tempo com elas, porque só o *eterno* é o que É. Tudo o mais é evanescente, passageiro, sombra de um teatro onde as sombras somos nós, seus atores, numa peça cujo sentido último, tal qual o teatro de Ionesco, é não ter sentido algum.

Continuemos:

20. Ouve apenas a voz que não tem som.

Comentário: aqui *Luz no Caminho* encontra-se com o texto tibetano *A Voz do Silêncio,* com a pequena obra de Krishnamurti *Aos Pés do Mestre,* constituindo um maravilhoso tríptico da mística teosófica.

Continuemos:

21. Olha apenas o que é invisível para os sentidos internos e externos!

Comentário final: este é como um *koan* do Zen Budismo. O movimento final de uma grande sinfonia tocada pelos Mestres de Sabedoria. Uma frase aparentemente sem sentido lógico, mas profunda em sua significação. Só o silêncio pleno poderá, se é que pode, definir. A resposta fica com cada leitor.

A Paz Esteja Contigo!

E para encerrar com chave de ouro, um antigo hino de procedência judaica, que muitos reconhecerão. Sua singeleza é profundamente tocante e profundamente mística:

Guia-me, luz gentil, através das trevas circundantes.
Guia-me avante! Escura é a noite e estou longe da luz;
Guia-me, tu, avante. Guia meus passos pois não peço
para ver a cena distante; um passo só me basta.
Enquanto o teu poder abençoar-me
Guia-me através de penhascos
Torrentes e atoleiros.
Até que a noite se dissipe
E que ao alvorecer me sorriam os anjos,
Que há tanto tempo amei e que depois perdi.

BIBLIOGRAFIA

O Alcorão

ALIGHIERI, Dante
A Divina Comédia

AZEVEDO, Murillo Nunes de
O Pensamento do Extremo Oriente, Ed. Pensamento
As Raízes da Criação, Ed. Bertrand
O Caminho de Cada Um, Ed. Bertrand
Ecologia Mental, Ed. Pensamento
O Livro do Caminho Perfeito de Lao-Tsé
Tradução comentada, Ed. Pensamento
O Cântico do Bendito Senhor Bhaghavad Gita
Tradução Comentada, Ed. Cultrix
A Jóia Suprema da Sabedoria — Viveka Chudamani, Shankara
Tradução comentada, Ed. Teosófica
Marcas na Terra de Ninguém (Inédito)

BESANT, Annie
A Doutrina do Coração, Ed. Teosófica
A Vida Espiritual, Ed. Teosófica

BÍBLIA de Jerusalém

BLAKE, William
Songs of Innocence

BLAVATSKY, Helena Petrovna
A Voz do Silêncio (Texto atribuído a NAGARJUNA),
Ed. Pensamento

BUDISMO
Buddha Dharma, Ed. Berkeley
A Doutrina do Coração, Ed. Teosófica
O Dhamapada, Ed. Palas Athena

BURNIER, Radha
Regeneração Humana, Ed. Teosófica

COLLINS, Mabel
Luz no Caminho, Ed. Pensamento

GOSH, Aurobindo
Savitri, Ed. Pondicherry
Obras Completas

KEMPIS, Thomas
Imitação de Cristo, Ed. Paulinas

KRISHNAMURTI, Jiddu
Aos Pés do Mestre, Ed. Pensamento
Obras Diversas, diversas Editoras

MITCHELL, Stephen
The Enlightened Mind
The Enlightened Heart, Ed. Harpers Row

PESSOA, Fernando
Obra Poética, Ed. Nova Aguilar

RADHAKRISNAN, S.
The Upanishads, Allen & Unwin
Indian Philosophy (2 vol.), Allen & Unwin

RAM, Sri
Pensamentos para Aspirantes, Ed. Teosófica
Em Busca da Sabedoria, Ed. Teosófica

SHAKESPEARE, William
Obras Completas

SIDUR MATZLIAH
Salmos Judaicos, Orações etc.

SINGH, Kirpal
The Way of The Saints

SHOLEN, Gershon
Mística Judaica, Ed. Perspectiva

SUFISMO:
Os Mestres de Gurdjieff
O Homem Memória do Universo
Textos Sufis

WHITMAN, Walt
Folhas da Relva

Leia também da Editora Teosófica

Ocultismo, Semi-ocultismo e Pseudo-ocultismo
Annie Besant

Este livro é uma clara exposição sobre a verdadeira natureza do ocultismo, feita por uma mulher notável que esteve entre os grandes ocultistas do século 20.

O verdadeiro ocultismo é o estudo da mente Divina operando no universo. É um chamado à percepção além das formas em direção à Realidade Interna. Ele envolve a transcendência do egoísmo e o desenvolvimento da natureza espiritual.

Cartas dos Mestres de Sabedoria
Transcritas e compiladas por *C. Jinarajadasa*

Esta obra reúne duas Séries de Cartas escritas entre 1870 e 1900 por Mestres da Sabedoria para os seus discípulos e para os trabalhadores do movimento teosófico. Transcritas e compiladas pelo escritor e ex-Presidente da Sociedade Teosófica Internacional C. Jinarajadasa, estas Cartas constituem, um século depois, documentos de valor incalculável, e continuarão a sê-lo por muito tempo, já que o caminho do auto-aperfeiçoamento e a busca do discipulado não são fenômenos passageiros na história da humanidade.

Pela primeira vez em português, temos reunidas em um só volume as duas Séries de Cartas, editadas na Índia em 1919 e 1925. "Muitos peregrinos da Senda encontrarão auxílio e inspiração neste livro", escreveu Annie Besant no prefácio à primeira edição da Primeira Série. E, de fato, cada frase destas Cartas está plena de algum ensinamento para quem tem olhos para ler. "O princípio fundamental do ocultismo é que cada palavra ociosa é registrada, do mesmo modo que uma palavra repleta de significado profundo e sério", diz uma Carta.

